JN164526

仏教スタディーズ

Studies Buddhism

平川彰
Hirakawa Akira

春秋社

スタディーズ 仏教

目次

スタディーズ　仏教

はじめに

仏教に入るためには、まず「仏教的な見方」を身につけることが必要です。世間の智慧と、仏教の智慧、すなわち「般若《はんにゃ》」の智慧とは、同じではないのです。仏教では「無我」とか「空」とか言いますが、しかし「自我がない」という見方は、世間の常識の見方とはちがいます。同様に「空《くう》」ということも、私どもは「ものは存在する」と見ているのですから、「一切皆空《いっさいかいくう》」という見方は、常識の見方とはちがうわけです。

釈尊は「私は苦から解脱《げだつ》する道を見つけた」と言われました。私どもには、お金がないとか、愛する人を失ったとか、我が身の老衰とか、病気とか、実に多くの苦しみがあります。そして最後には「死の怖れ」に直面しなければなりません。ガンの宣告を受けた人や、死刑の宣告を受けた人の気持ちを考えれば、死の怖れがいかに深刻な苦しみであるかは、多言を要しないでしょう。

しかしこの「苦からの解脱」ということは、世間の常識の見方では容易にできることではありません。したがって釈尊の見つけられた「苦からの解脱の道」を理解しようと思うならば、釈尊の示された「仏教的なものの見方」を身につけなければならないと思うのです。この「仏教的なものの見方」が、とりもなおさず「仏教入門」になると思うのです。

禅宗に『無門関《むもんかん》』という書物があります。もし門がなければ、どこからでも中に入ることができそうですが、しかし考えてみれば、「門がなければ入ることはできないだろう」ということもできるでしょう。それゆえ「無門関」といっても、入る門を探さなければならないと思います。ですから「仏教入門」といいましても、門を見つけることは、案外むずかしいのです。

しかしこれはどの学問でも事情は同じであると思います。哲学などでも、「哲学すること」が、哲学に入る道である」などと言います。哲学を知らない人に、「哲学する」ことがどうしてできるかという疑問が起こるでしょうが、しかし哲学を知らない人に、哲学を知らせることはさらにむずかしいわけです。しかし哲学では、哲学することを知らないで、ただ哲学の知識だけを頭につめこむ人を、もっとも嫌うのです。そこに哲学を学ぶことのむずかしさがあると思います。

仏教入門についても、同じむずかしさがあります。仏教を知らない人に、仏教に入る門を見つけなさいといっても、それは無理なわけです。門を知っている人こそが、門を探すことができるわけです。

しかし考え方によっては、仏教に入る門を見つけることは、そんなにむずかしいことではないのです。先入見を捨てて、無心になって、仏教を理解しようとつとめれば、気がついた時には、すでに仏教的理解の中に入っているということができます。「先入見を捨てて、無心になる」ということが、仏教的な学問の仕方ですから、こういう仕方で仏教に取り組めば、案外早く仏教を理解する「こつ」が見つかると思うのです。この「こつ」を見つけませんと、いくら仏教の書物を読んでも、単に仏教の知識を得るだけで、仏教そのものは分からないと思うのです。仏教書は、哲学の立場でも研究できますし、また文学の立場でも研究できると思います。しかし仏教の立場からの研究としては、「苦からの解脱」に役立つことが大切であると考えます。

そのためには、「無我」とか「空」とかということを、身につけることが大切であると思います。本書で「仏教入門」として目指したことも、そういう入仏教の門を見つける道を示そうとしたことであります。

そのために少しむずかしいかとも思いましたが、まず最初に、第一章として「仏教の基本的立場とは」として、「般若」の智慧を取り上げました。なるべく譬えを豊富に出して、初心者にも分かるように書いたつもりですが、もし難解でしたら、第二章の「釈尊と仏陀」から読みはじめてくださっても結構です。仏教は、教祖としての釈尊と、釈尊の悟った法と、釈尊の教えにしたがって、修行をした弟子たちの教団、すなわち僧伽《そうぎゃ》との三つから成立しています。このいずれが欠けても、仏教は存在しなくなりますので、これを「三《さん》宝《ぼう》」と呼びまして、仏教徒の拠りどころとなっています。ゆえに本書では、この三宝によって仏教を示すことにしました。同時にこれを読むことによって、読者が仏教に入る門を見つけることを期待したのです。

第一章　仏教の基本的立場とは

一　般若の教説

般若の智慧

釈尊がブッダガヤーの菩提樹の下で悟った智慧は「般若《はんにゃ》」（パンニャー、プラジュニャー）の智慧であります。この智慧が、仏教のあらゆる教理の根底に流れています。

大乗の般若経が般若波羅蜜《はらみつ》を経の題名にして熱心に般若を説いているのは、釈尊の悟りの真実である般若の意味を世間に広めようとしたからです。

その理由は、大乗仏教に先立つアビダルマ仏教で般若の真の意味が見失われたと考えたからであろうと思います。

むろんアビダルマ仏教でも般若は重要視されています。例えばアビダルマ論書の代表である『倶舎論《くしゃろん》』のはじめには、「浄慧《じょうえ》と随行《ずいぎょう》とを対法《たいほう》と名づく」と説きまして、「対法」すなわちアビダルマとは、「浄慧」すなわち「煩悩を離れた智慧」のことであると言っています。しかもこの場合の浄慧の「慧」は、原典では「プラジュニャー」と書かれていまして、「般若」となっています。

しかしながら『倶舎論』を著わした世親《せしん》は、同時に、真のアビダルマは、法を簡択《けんちゃく》する（分析して択び出す）智慧のことであり、それは般若の作用であると見ているのです。この場合の「慧」も原語は「般若」です。この法を「簡択する」（プラヴィチャヤ）ことが般若『倶舎論』には「慧とは択法《ちゃくほう》（ダルマ・プラヴィチャヤ）である」とも説いています。の智慧であると見るのが、アビダルマ論師《ろんじ》の般若の解釈でありますが、ここに問題があるわけです。

ここにはアビダルマの法の簡択について詳しく述べる余裕はありませんが、アビダルマの法の研究の仕方を見ますと、ものを分析して、法を択び出すという「分析的手法」が用いられています。

しかし釈尊の悟った般若の智慧は、分析的な面もありますが、同時に綜合的な、ものを全体的に理解する直観的な面をそなえています。そのために大乗仏教を興した人びとは、アビダルマの分析を重視する法観に反対して、直観的な法の理解を主張し、この般若の理解を「大乗」と呼んだのであろうと思います。

般若経がはじめて作られた時に、それ以前にすでに「大乗」が成立していたわけではありません。般若経自身が自らを「大乗」と名乗ったわけです。その理由は、恐らく自らの説く般若波羅蜜の思想が、釈尊の悟りの智慧を正しく継承していると信じていたからであろうと思います。

当時はまだ「小乗」の語はできておりませんでした。般若経の古層には「小乗」の語は現われていません。般若経ではアビダルマ仏教を示すとき、「声聞乗《しょうもんじょう》」と「辟支仏乗《びゃくしぶつじょう》」の二乗で示しています。「乗」とは乗物の意味ですが、ここでは教理を示すのでして、般若経が自己を大乗と呼んだのは、釈尊の教えをそのまま受けついでいることを示そうとしたのであろうと思います。すなわち、小乗に対して自己を大乗と呼んだのではありません。

四聖諦の教えと般若

阿含経《あごんきょう》には、釈尊の悟った智慧が般若の智慧であることを、多くの教理によって示しています。その二、三を示しますと、例えば『初転法輪経《しょてんぼうりんきょう》』には、つぎのように説いています。

釈尊は五比丘にたいして「四聖諦《ししょうたい》」を説きましたが、四聖諦のそれぞれを示したあと

で、次に釈尊は、

これが苦聖諦であると、先に未だ聞いたことがない法において、我れに眼が生じ、智（ニャーナ）が生じ、慧（パンニャー）が生じ、明《みよう》（ヴィッジャー）が生じ、光明が生じた。

と述べています。

すなわち苦聖諦を知らなかった釈尊が、苦聖諦の真理を悟ったことを、未だ経験しなかった眼・智・慧・明・光明が生じたという言葉で示しているのです。釈尊が法を悟ったときに、その悟りの智を眼・智・慧・明・光明の五で示すことは、阿含経にはしばしば見られることです。

このうち、最初の「眼」は見ることで、仏教では「如実知見《にょじつちけん》」（ヤターブータ・ニャーナ・ダッサナ）と言いまして、作為を加えないで、ありのままに「知り」「見る」ことが重要視されています。「百聞は一見にしかず」と言いまして、事実を言葉で表現することはむずかしいのでして、伝言よりも、自ら見て知ることが重要であります。「見」は「眼」というのと同じでして、見るとともに見て理解することに重点があります。見ても理解できなくては、「見」とは言えません。

眼の次の「智」は理解することで、仏教でも用いますが、他の学派でも用います。次の

「慧」が般若でありまして、洞察を意味する理解であります。仏教では「智」（ニャーナ、ジュニャーナ）も用いますが、般若をより重んじて用います。

次の「明」（ヴィッジャー）は「無明《むみょう》」（アヴィッジャー）の反対でして、無明が除かれたときに心が明らかになる智慧です。最後の「光明」（アーローカ）は光のことですが、ここでは智慧の光でして、心の中が明らかになることです。

以上の五つは、法が明らかになった時の心の状態を示した言葉でして、この中に般若が含まれています。なお以上の五つのことは、苦聖諦のみでなく、苦集聖諦、苦滅聖諦、苦滅道聖諦のそれぞれについても説かれています。

なお阿含経「相応部」には「諦相応《たいそうおう》」がありまして、ここに四聖諦に関係する経典を三百余収めています。それらの経典の中には、四聖諦を「如実に了知する」（ヤターブータン・パジャーナーティ）ことを説く経典が非常に多いのです。この「了知する」と訳した「パジャーナーティ」は、パンニャーの動詞形でありまして、「般若する」という意味です。

例えば「諦相応」の第一経では、三昧《さんまい》（心の統一）を修習した比丘《びく》は「如実に了知することができる」と説きまして、般若の智慧の力は、禅定において強められることが示されています。しかし、生得の般若といいまして、じつは般若の智慧は誰にも生まれながらに備わっているのです。しかし禅定《ぜんじょう》の修行をして心の集中力を養うと、般若の力が強まるのです。それで「定《じょう》（三昧）を得た比丘は、如実に了知することができる」と説きます。

それならば定を得た比丘は何を了知するのかと問いをおこし、「これは苦であると如実に了知し、これは苦の集であると如実に了知し、これは苦の滅であると如実に了知し、これは苦の滅に至る道であると如実に了知する」と説きまして、般若の対象は四聖諦であることを示しています。このほかにも阿含経には、四諦と関係して、種々の面で如実に了知する般若の活動を示しています。

以上のことは、原始仏教で最も重要な教理の一つである四聖諦が、般若の智慧によって悟られることを示しているわけです。すなわち「苦の真理」は、般若の智慧によって洞察されるのでして、凡夫が理解する「苦」は、苦の本質を洞察しているのではないという意味です。同様に「苦の集」とは苦を作り出す原因となる煩悩のことで、渇愛《かつあい》ともいわれています。すなわち渇愛を主とする煩悩の本質を洞察し、煩悩を断ずるのも、般若の智慧であるわけです。煩悩を完全に断ずれば、そこに滅諦《めったい》の涅槃があらわになってくるのでして、滅諦を悟るのも般若の智慧であります。そして煩悩を滅するためには八聖道《はっしょうどう》を修行して、般若の智慧の力を強化する必要があります。このように苦の滅の道である八聖道の実習も、般若の智慧が主体となってなされるのです。

しかも四聖諦を如実に了知することにより「苦からの解脱《げだつ》」があると説かれています。

すなわち四聖諦を如実に了知する者は、生に導く諸行に歓喜しない。老に導く諸行に歓喜しない。死に導く諸行に歓喜しない。愁悲苦憂悩に導く諸行に歓喜しない。歓喜しないが故に、生老病死の黒闇に堕しない。黒闇に堕しないことにより、生老病死愁悲苦憂悩より解脱し、苦より解脱する、と説いています。これは「如実に了知すること」すなわち般若の活動により苦からの解脱があることを説くものです。

五蘊無我の教説と般若

つぎに原始仏教の教理として有名な「無常《むじょう》・苦《く》・無我《むが》」の教説も、般若の智慧によって洞察されるべきことが説かれています。さきにも引用した「相応部」には「蘊《うん》相応」といって、「五蘊《ごうん》」に関係する経典が百五十八経収録されています。その中に「無常」を主とする経典があります。それによりますと、

色《しき》は無常なり。無常なるものは苦なり。苦なるものは無我なり。無我なるものは、我がものにあらず。われにあらず。われのアートマンにあらず。このごとく、正しい般若によって如実に見らるべきである。

と説かれています。ここで「色《しき》」といっているのは五蘊の一つでありまして、われわれの身体や外界の物を指しています。そして色が無常であり、苦であり、無我であることを、

「正しい般若」によって見るべきであるというのです。

ここで「正しい般若」（サンマー・パンニャー）と言っていますが、この正しい般若とは、煩悩を離脱した般若のことです。煩悩に色づけられた生得の般若は、正しい洞察をすることができないのです。とくに我執《がしゅう》に色づけられた般若では、無我を正しく洞察することはできません。同様に無常を無常と正しく知ることも、正しい般若の活動によって可能であると説いているのです。

五蘊無我の教説は、原始仏教では重要な教説でありますが、この五蘊の無常・苦・無我の洞察も般若の力によるわけです。このように「正しい般若によって見らるべきである」ということは、五蘊の教説でも、また他の教説でもしばしば説かれています。

仏陀の悟り

しかし悟りといえば仏陀の「等正覚《とうしょうがく》」について一言する必要があるでしょう。釈尊は菩提樹下で、はじめて「現等覚《げんとうかく》」（アビサンブッダ）を得られたといわれていまして、このとき十二縁起《じゅうにえんぎ》を順逆に作意《さい》されたといいます。さらに釈尊が五比丘に法を説かれたとき、四聖諦を説く前に「苦楽中道《くらくちゅうどう》」を説かれましたが、このとき「如来《にょらい》はこの二辺を受けずして、中道を現等覚した」と説かれています。

さらにこの次に四聖諦を三転十二行相《さんてんじゅうにぎょうそう》によって説かれたのですが、このとき「四聖諦において三転十二行相の如実知見が完全に清浄になったので、私は無上正等覚《むじょうしょうとうがく》（アヌッタラン・サンマーサンボーディム）を現等覚したと称した」と述べています。

この「現等覚」と「無上正等覚」ということも、仏陀の悟りを表わすのによく用いられる言葉です。たしかにこの覚《さと》りは、仏陀の無漏《むろ》の戒蘊・定蘊・慧蘊、ならびに解脱と解脱知見などが合して成立していますので、仏陀の場合の特殊な覚りであります。しかしこの場合も「慧蘊」の慧は般若でありますから、仏陀の覚りも般若が中心になっていることは、弟子の場合と同じなのです。

ともかくこれらの教説に見られるように、仏教の悟りの中心をなすものは般若でありますが、それならば般若はいかなる性格の智慧であるかを次に取り上げたいと思います。

二　般若の意味

1　無常を無常と知る般若

以上に、般若に関する教説をいくつか挙げましたので、それらの教説に基づいて、般若の意味を明らかにしたいと思います。

無常・苦・無我

第一に「無常・苦・無我」の教説を取り上げたいと思います。この教説はすでに示したように、次のように説かれています。

諸比丘よ、色《しき》は無常なり。無常なるものは苦なり。苦なるものは無我なり。無我なるものは、我がものにあらず。われにあらず。われのアートマンにあらず。このごとく、正しい般若によって如実に見らるべきである。

と。これと同じ教説が、色の次に、受《じゅ》・想《そう》・行《ぎょう》・識《しき》についても説かれています。すなわち受は無常であり、苦であり、無我である。想も無常であり、苦であり、無我である。同様に、行についても、識についても、無常であり、苦であり、無我であることが説かれています。

この色・受・想・行・識は「五蘊《ごうん》」といいまして、有名な教説でありますので、その内容を簡単に示しておきます。五蘊の「蘊《うん》」とは「あつまり」の意味でして、色《しき》にも種々の種類があるので、それらを集めて「色蘊」となし、受にも多くの受があるので「受蘊」、同様な意味で、想蘊・行蘊・識蘊があり、あわせて五蘊となっています。

五蘊のうち、第一の色蘊の色《しき》は、形のあるもの、こわれるものなどの意味がありますが、簡単にいえば色とは物のことでして、直接には自己の身体を指し、あわせて外界の物質をも意味しています。

次に「受」は感受の意味です。外界を感受すること、すなわち自己の身体をも含めて外界を認識して、心に内在化する認識の過程の、最初の段階が「受」（感受）であります。これは、苦受・楽受・不苦不楽受と説明されています。

次にこの感受したものを、「表象する」のが、第三の「想」であります。そしてこの表象された対象に、記憶や好悪の感情、欲望、性格などの心理作用が作用して、認識内容がその人特有の内容に形成されます。この心理的な形成作用を「行《ぎょう》」（サンカーラー）といいます。この場合は、サンカーラーを心理的な側面に限定していますが、しかしサンカーラーは、心理的な形成力ばかりでなく、物理的な形成力も含むものでして、広義のサンカーラーは、五蘊の全体を含むものです。しかしこの場合は、色・受・想・識の四蘊は別出されていますので、四蘊に含まれないサンカーラー、主として心理的な形成力を、この場合の「行」としているのであります。

なお五蘊の最後の識蘊の「識」は「判断」の意味でして、「了別《りょうべつ》」（区別して認識する作用）と説明されています。識はいわゆる認識主観を意味するのです。

以上の五蘊に関して「正しい般若によって、如実に見らるべきである」と、経典では説いています。ここに、五蘊の正しい理解が、般若によることが示されています。

諸行無常ということ

上述のごとく、教説では「色は無常である」と説かれていますが、色のみでなく、受・想・行・識についても、同様に「無常である」と説かれています。そして色・受・想・行・識の五蘊で、われわれの心身のすべてが含まれるのですから、この教説にそれらのすべてが無常であると説かれているわけです。一切が無常であることを示す教説としては、「諸行無常《しょぎょうむじょう》」が有名であります。しかも五蘊の一切が無常であるということは、諸行無常というのと同じでありますから、ここには便宜的に「諸行無常」の教説によって、無常の意味を考察したいと思います。

諸行無常の「行」(サンカーラ)は、複数形で「サンカーラー」と用いるのが普通でありま す。ここにも複数であることを示すために「諸行」と訳しているのです。このサンカーラは、言葉の意味としては「作り上げる力」「形成する力」の意味がありますので「形成力」などと訳されています。しかし漢訳の経典では、古くから「行《ぎょう》」と訳されています。それは存在の「流動的な在り方」を意味していると思います。存在には動かない存在、すなわち「無為法《むいほう》」もありますが、大部分の存在は無常なる存在で、絶えず流動しています。この変化する力によって作られたものを「有為法《ういほう》」といいますが、この有為法を形成する力が「サンカーラー」であるわけです。しかし作る力であるサンカーラーと、この力によって作られる有為法とは、別のものではないのでして、同一の存在を、原因の面から見ればサンカーラーでありますが、結果の面から見れば有為法であるという関係にあります。つまり形成力が能動的に現われている場合は、サンカーラーの在り方を示していますが、それが結果の在り方に転化して、能動的な力が潜在的になった状態が有為法であるわけです。

ともかくサンカーラーは形成する力ですが、それが無常であるというのが「諸行無常」の教説です。「無常」（アニッチャ）とは「常住でない」ということで、絶えず変化しているという意味です。この場合、「諸行は無常である」といって、形成する力を無常の主語にしているのは、流動的でない存在は無常の主語にはなり得ないからです。西洋でも「万物流転」といって、流転する主語には「万物」というような把捉できないものを立てています。これを厳密にいえば、「無常」には個別的な主語を立てることはできないということです。

例えば「私は無常である」といっても、その「私」を、変わらない形で考えているとしたら、「私は無常である」という立言は、まったく意味を持たないことになると思います。しかし私が変わるとしたら、変わるものを「私」と言いうるでしょうか。そのことは、「私は無常である」という立言を「私は死んだ」と言いかえて見ると、はっきりすると思います。すなわち「私は死んだ」とは立言できないのです。私が存在する限りは、私は死んでいないわけですし、しかも死んでしまえば、私はもはや存在しないのですから、「私は死んだ」と立言できないことは明らかです。

しかし「私は死んだ」と立言できないならば、「太郎が死んだ、次郎が死んだ」という立言も不可能なはずです。これは変化するものの主体に個物を立てることができないことを示すものです。例えば若かった私が老人になって、その変わり方があまりにも烈しいのを見て、友人が私に向かって「あなたは変わった」と言います。しかしその時、友人は、若かった時の私と老人になった私とを比較して「あなたは変わった」と言うわけですが、しかし若い時も「私」であり、老人になった時も「私」であるならば、両方ともに「同じ私」として立てられているのですから、その私がどうして「変わった」と言いうるのでしょうか。「変わる」とは、私が「私でないもの」になることであると思います。しかしここでは、若い私が老人の私になったとしても、その若い私と老人の私とは、同じであるのか異なるのかという点が解決されていないのです。したがって、若い時の私も老人の私も「同じ私である」と思っている私にとっては、「あなたは変わった」という友人の立言は、自分がどう変わったのか理解できないわけです。つまり他人の変わることは理解できても、自分が変わることはなかなか理解できないものです。自分で自分を見ることは困難だからです。

ここに面白い話があります。八十歳すぎの老先生が講義をされたので、若い人がそれをビデオに撮って、持っていって見せてあげたのです。そうしたらそれを見た老先生が大変機嫌を害されて、「こんな老人は私ではない」と言って怒られたというのです。もちろん八十歳にもなれば、誰でも自分が老人になったことは認めているわけですが、しかし目のあたりに自分の老いた醜い姿を見せられると、なかなかそれを現実の自分の姿だと納得し難いものです。

あるいは中年になっても「まだ若い」と思っている人が、電車の中で若い娘さんから席を譲られたという経験はよくあることです。譲られた人は、もう自分がそんな老人になったかと深刻なショックを受けるでしょう。しかし十五、六の少女にとっては、五十歳近くの男性は結構老人に見えるわけです。誰でも自分が小学校の一年生や二年生であった時には、中学生や高校生の上級生を一人前の大人として見ていたと思います。その自分が五十歳にもなれば、中学生や高校生を見ても、子供としか見えないわけです。そして五十歳でも、自分は結構若いと思っているわけです。

識の理解と般若の理解

以上のように自分を見る時は、自分を固定的に見ているのでして、若い時の自分と老人になった自分とは「同じである」と見ているのです。このような自分の理解は、識の立場の理解でして、般若の理解ではないのです。般若の理解は、生まれた時の自分が刻々に変化して、現在の自分になったのであり、その間には、つながりがありながら同時に変わっていることを「ありのままに」知ることです。しかし「つながっていながら同時に変わっている」という表現は、論理的には明らかに矛盾です。論理的な理解は「識」（ヴィジュニャーナ）の理解でして、これは対象を割り切って理解します。例えば識は、善と悪とは別であると判断します。ゆえに「おまえは善人である、おまえは悪人である」などと善悪を割り切って判断します。「判断する」（urteilen）という言葉が、対象を割り切って理解することを示しています。しかし人間を善人・悪人と割り切って判断しても、それはその人の一面を示すだけでして、その人の全人格を示しているとは言いがたいのです。世間で善人であると言われている人でも、いつ悪いことをしないとも限らない。人間の心は弱いものでして、利益をもって誘惑されると、悪いと知りつつ不正な金を受けてしまうものです。同時に「悪人」と断定された人でも、まったく善心がないのではない、悪事を悪事と知っているのでして、善いことをしなければならないと思っています。

ゆえにどんな悪人でも、何かの機縁で善人に変わることはありうるわけです。総じて人間は、善をなしたり、悪をなしたり、一定しないのでして、善人でもあり、悪人でもあると言わざるを得ないと思います。すなわち人間理解においては、善悪を分ける立場と、「善悪不二」と見る立場との二つの理解が必要であると思います。すなわち人間の心の中において、善悪は分けられるものであると同時に、分けられないものでもあるのです。この「善悪不二」の在り方は、識の理解では理解できないのです。同様に青年が老人になるときのその「つながりと断絶」も、識の理解では届かない暗黒が残ると思うのです。

連続と断絶の問題は、われわれの日常生活で、つねに遭遇することです。例えばある人が大学に入学して、四年間勉強する。そして卒業するとした場合、入学した自分と卒業する自分は同じか別かという問題があります。大学の四年間に勉強して、よりよい人間になろうということが、入学の目的ですから、四年間で自分が変わることを望んでいるわけです。しかし同時に、卒業する自分は入学した時の自分でなければならないと考えています。これなども変わることを望みながら、しかも同じ自分であると考えているのですから、理論理性の立場から見たら明らかに矛盾です。しかしわれわれはこの考えに少しも矛盾を感じません。もしここで矛盾を感じたり、入学した時の自分が真の自分なのか、学問研究をして向上した自分が真の自分なのかと考えたら、人格が分裂してしまうでしょう。

しかし実際はそうではなくて、われわれの人格は分裂もしませんし、少しの不安も感じていません。それは、その時の「変わりつつ、つながっている自己」を理解しているのは般若の智慧であり、その上に自己同一の自己を認識する「識の判断」がかぶさっており、般若と識とは、理解の次元が異なるために、両者の間に相剋は起こらないのであろうと思います。ちなみに「変わりつつ、しかもつながっている自己」とは、縁起によって成立している自己存在を意味するのでありますが、この縁起も般若の智によって知られるものです。この点は改めて取り上げたいと思います。

空の智慧

以上、無常と関係して般若を考えますと、般若は、つながりと断絶を知る智慧でありますが、しかしこの連続と断絶とが一つに融合して、無常が成立するというのではありません。連続とか断絶ということは、識の立場で言うことでして、般若の理解には連続と断絶の契機が含まれているのではないと思います。般若の理解は、綜合的でしかも直観的な洞察でありますから、そこには言葉の入る余地はありません。すなわち般若は、言葉や概念を用いて行なう理解ではなくして、言葉を用いない直観的な理解であります。ただこの般若の理解を、識の立場から分析的に反省して、般若には連続と断絶との二つの契機があると言うに過ぎないのです。一般にはこの点は「連続にもあらず、断絶にもあらず」と否定的に表現されています。なおこの点は、善と悪との二であると同時に、両者の「不二」を知る智慧であるとも表現できます。若さと老いとについても、相反する二つのものの「二にして不二」を知る智慧と言ってよいと思います。これらをまとめて、般若は「無常を無常と正しく知る智慧である」と言いうると考えます。

ともかく般若は、諸行無常という流動的な存在をありのままに知る智慧ですから、対象が流動的であると同時に、それを知る般若も流動的でありまして、般若も無常であるわけです。このように般若が流動的であるために、般若は執著を離れた「無執著の智慧」であります。これは「空《くう》の智慧」であると言いかえることができます。無常の存在は「空を本性としている」のであります。般若の智慧は本性が空であるから、変化している対象を自由自在に知ることができるわけです。もし般若の智慧に執著があれば、その執著性に妨げられて、対象をありのままに知ることはできないと思います。同時に般若の智慧の対象である無常なるサンカーラーも、その本性は空であるわけです。空であるから自由自在に変わりうるのです。例えばどんな悪人でも、一念発起して、今日から善人になろうと決心すれば、即座に善人になることができます。その理由は人間の本性が空であるからです。空とは「虚無」という意味ではないのでして、あらゆるものに変わりうる「融通性」のことです。

2　無常の意味

無常とサンカーラー

無常を無常と正しく知ることが般若の作用でありますが、サンカーラー（諸行）はどうして無常であるのかという問題が残っていますので、この点について一言しておきます。

さきにサンカーラーは「形成力」であるといいましたが、これは同時に「こわれる力」であるということもできます。こわれることは同時に形成することに転化するからでありますす。無常の力には、この作ることとこわれることとの二面性があります。これは無常がしばしば「死」によって示されることからも、無常がこわれる力であることを示しています。

存在（サンカーラー）に無常の力があるという見方は、世界の変化の原因を存在自身の中に認める考え方であります。キリスト教のように「創造神」を立てる宗教では、世界の生滅変化の原因は神にあると見るわけです。あるいはサーンキャ学派のように、世界成立の第一原因を立てる立場では、世界を変化させる力は、この第一原因から出てくると見るわけです。しかし釈尊は、世界を創造する造物主や、世界変化の第一原因を認めなかったのですから、現実の生滅変化する力は、どこから生ずるかを考えて、存在そのものに無常の力が内在していると考えたのです。すなわち「諸行無常」という場合に、一切を変化せしめる無常の力は、サンカーラーにそなわっていると見るのです。むしろサンカーラーが無常力そのものであると考えるのです。すなわち存在自身に、その存在をこわす力があると見るのです。

存在にはこわす力（こわれる力）が内在しているために、いかなる存在も同じ状態に留まることができないのです（ただし無為法は例外です）。すなわち存在は、生じた刹那《せつな》に滅するのです。例えば油が燃えて炎になる場合、その炎は刹那に滅するのです。炎が滅するのになんらの因もいりません。炎は自然に滅する。炎には滅する性質がそなわっている。それが無常の力です。もし炎がなんらかの因によって滅するとするならば、その因を奪ってしまえば、「常燃の火」すなわち一滴の油で「永久に燃える炎」ができてしまいます。しかしそれはおそらく不可能でしょう。そうだとすれば、生じた炎は因なくして自然に滅するのでして、自然に滅するとすれば、生じた刹那に滅するということになります。

同様に声も、生ずるには原因があります。例えば人間が発する声にしても、あるいは風の音、太鼓の音、その他いかなる音声も生ずるには原因がありますが、しかし生じた音声は刹那に滅するのです。声の滅するのに原因はいらないのです。

すなわち存在は、生ずるには原因がありますが、滅するには因を待たないというのが、無常の意味であります。

縁起と法

存在が生ずるには原因があるというのは、法の生ずる「縁」を指すのです。「衆縁《しゅえん》所《しょ》生《しょう》」といいまして、多くの縁が集まって新しいものが成立します。一つの縁だけではものは生じない。例えばAがAであるだけでは生じたとはいえない。AとBとが集まって、一つになるところにCという今までなかった新しいものが生じます。例えば酸素と水素とが化合して水ができます。水には酸素にも水素にもない力があります。人間は水を飲んで生命を保つことができますが、酸素でも水素でも、この水のはたらきの代わりをすることはできません。このように多くの縁が集まり、一つになると、今までになかった新しいものが生じます。そこに「生じたもの」（法）は、今までになかった新しいものですが、しかし衆縁の集まり以外のものではないわけです。

そのために因となる「衆縁」と結果としての「法」との関係は、同じであるとはいえないが、別のものであるともいえないという関係にあります。この関係を「一にもあらず、異にもあらず」といいます。この衆縁が集まって新しい法が生ずることを「縁起《えんぎ》」（縁によって起こる）といいまして、この場合の縁と起との関係は、連続ともいえず断絶ともいえないのでして、その関係は「般若の智慧」によってのみ理解されるのであります。縁起を知るとは、無常を無常と正しく知るということと、別のことではないわけです。

縁起によって生じたものを「法」といいます。「法」にはいろいろの意味がありますが、ここでは「もの」という意味の法を意味しています。縁起によって生じたものは、単なる「もの」ではなく、「法」（法則性をそなえるもの）でありまして、「衆縁をその中に含んでいるもの」という意味を持っています。とくにこれを「縁已生法《えんいしょうほう》」（縁起によって生じた法）といいます。それは「衆縁」という雑多（可能性）を内に含んでおり、それらを一つに統一している存在者です。しかし一般に存在は単一ではなく、どんなに微細な存在でも、内に雑多を含んでいます。内の雑多を統一することによって、自主性・独自性を実現して、はじめて「存在者」となるわけです。このような存在者が、衆縁に生じた「法」であるわけです。すなわち世間では「もの」と見るものを、仏教では縁起を媒介として「法」と見るわけです。存在を「法」と見るか、ものと見るかは、「見方の違い」です。

法とサンカーラー

しかし「衆縁」といっても、「縁」という特殊なものがあるわけではありません。縁とは「法の集まり」です。ただ法は生じた刹那に滅して、サンカーラーに転化するので、縁はサンカーラーでもあるわけです。むしろ法の生ずる縁となるのは、サンカーラーの次元にある存在と言ったほうがよいでしょう。ともかく法というも、サンカーラーというも、別のものではないのです。両者は「位置の違い」「在り方の違い」にすぎないのです。すなわち法に含まれる力が能動的になった状態がサンカーラーです。これは「こわれる状態、無常の状態」です。逆にこれらの力が、一つに統一され、力が潜在化した状態が「法」であるわけです。

したがって、現象世界は、結果の側面から見れば「諸法の集まり」であり、一切が法であります。これにたいして、この世界を原因の面から見れば、一切はすべてまさに変化せんとする位置にありますから、一切はサンカーラーであり、諸行無常の世界であります。すなわち法には無常の力がそなわっており、その力が潜在的であるときが法であり、顕在化したときがサンカーラーであるということができます。

そしてサンカーラーを立場として立言するときには、「諸行無常」といって「無常」が表面に出ますが、法を立場として立言するときには、「諸法《しょほう》無我《むが》」といって「無我」が表面に出ています。無我とは実体がないということであります。このように同一の存在に、動的な面と静的な面とがあるのは、時間に動と静との二面があることとも関係します。

この時間の問題に深入りすることは避けたいと思いますが、存在の面だけで見ても、例えば音声は刹那滅でありながら連続して発声され、その連続する音声の屈曲変化の上に、単語や文章を区別して受けとり、言葉の意味を理解します。ここで「音声の連続」を動とすれば、これは無常なるサンカーラーに相当します。そしてこの音声の連続の上に認得される単語や文章、さらにその意味は、動の上に現われた静でありまして、いわば動に維持された静、動の作り出す静でありまして、これは無我なる法に相当します。法はサンカーラーの活動によって現われますが、しかし法に着目すれば、それは法として、静的な在り方で認識されます。法はサンカーラーという動の作り出した静であります。サンカーラーはしばらくもとどまらない時間の流れでありますが、その時間の流れの上に咲いた花が法であるといってよいのでして、法としてある限り、その時間は流れつつも、しかも止まっているわけです。

ともかく時間の動と静の問題には、人間の迷妄性が介入していますから、簡単には論断できませんが、サンカーラーの形成力によって作られる法も、動によって作られた静でありまして、実体のないものであります。それは静そのものではないのです。人間はこの法の世界を、言葉や意味で認識し、理解して、観念の世界を構築するのですから、この観念の世界が、法の世界と乖離するならば、真実から離れることは明らかであると思います。そのために般若の認識では「如実知見《にょじつちけん》」（ありのままの認識）が重視されるのであります。

3　苦と般若

苦からの解脱

苦と般若の関係に関しては、さきの「五蘊無我」を説く経典に「色は無常なり。無常なるものは苦なり。苦なるものは無我なり」と正しい般若をもって、如実に見るべきであると説いていました。これが色のみでなく、五蘊のすべてについて説かれています。

ここに「無常なるものは苦である」と説かれていますが、しかし苦は心の生ずるものです。例えば烈しい労働をすることは苦でありますが、しかしこれは強制的にやらされるから苦になるのです。山登りの好きな人が、自ら進んで険しい山に登り、重い荷物を背負って、危険な絶壁を登っていけば、身体的には苦しいはずですが、しかし自ら好んで行なうから、苦を苦としないわけです。この点から見ても、身体の苦しみがただちに苦になるのではなく、その苦を心でどう受けとめるかによって、苦ともなれば、苦ともならないのです。勉強なども同じことでして、好きな勉強なら苦にならないのですが、嫌いな学問を無理にやらされれば苦になります。この点から、苦は心の生ずるものであることが知られます。すなわち心の持ちようによって、苦を解消することができるのでして、ここに「苦から解脱する」道のあることが示されています。

苦の問題は四聖諦の教えに詳しく説かれています。そこに「苦」とは生老病死の四苦、さらにこれに怨憎会苦《おんぞうえく》等の四を加えた八苦で示されており、さらに苦の生ずる原因は「渇愛《かつあい》」であると示されています。渇愛とは、どれほど満足してもなお満たされない「心の不満足性」のことです。人間は、財産にしても地位や名誉にしても、あるいは寿命にしても、どれだけ得ても満足することができません。例えば人間は八十歳まで生きても、九十歳まで生きても、あるいは百歳まで生きても、まだ生きたいと思います。財産でも同じでして、どれだけ多くの財産を得ても、もっとほしいと思います。人間の心にはこのような不満足性があって、これを渇愛《タンハー》といいます。人間の心の根底にこの渇愛が潜んでいて、人間の心をあやつっています。心はこの渇愛に動かされて、真の満足を味わうことができず、一切が苦に変化するのです。渇愛は無明というのと同じものですが、この渇愛を断ずることが、苦から解脱する道であるわけです。

般若の智慧と四諦八聖道

渇愛の滅を苦からの解脱と説く説もありますが、しかし四聖諦の教説では、渇愛を断ずれば一切の苦が滅するとは説いていないのです。般若の智慧によって、これは苦なりと如実に了知し、これは苦の集（渇愛）なりと如実に了知し、これは苦の滅なりと如実に了知し、これは苦の滅に至る道なりと如実に了知することから、生老死の黒闇に堕せず、生老死愁悲苦憂悩から解脱し、苦を解脱する、と説いています。

これは、四聖諦でいう苦諦（苦の真理）とは、凡夫の理解している苦ではなく、聖者の理解する苦であるからです。真の苦を知るのは、般若の智慧でありますから、般若の智慧によって苦を洞察するとき、真の意味の苦が知られるという意味です。そして真の苦を知ったとき、苦は断ぜられるのです。

同様に集諦《じったい》である渇愛についても、渇愛は見出されることによって、これが渇愛であると知られ、知られることによって断ぜられるのです。凡夫には渇愛は発見されていないために、渇愛によって心が迷わされ、不満足から解脱することができないのです。しかも渇愛を発見しうるのは般若の智慧のみでありますから、般若の智が現前したときに、渇愛は断ぜられるのです。これは、騙《だま》されている限りは、自分が騙されていることを知らないのと同じです。同様に心も渇愛に迷わされている限りは、渇愛の真実のすがたを知らないのです。騙されたと知ったときには、騙されていたことは消失しています。それと同様に、般若によって渇愛を見つけたとき、心は渇愛から解脱することができるのですから、「これは渇愛である」と知るのは般若の智慧でして、般若の智慧が生ずることと、渇愛が発見され滅せられることとは同時なわけです。

なお般若といっても、われわれには生まれつき般若の智慧はそなわっています。これを生得の般若といいます。しかしその般若は修行によって鍛練されていませんから、力が弱く、煩悩を断ずる力がないのです。そして修行によって悟りの般若が現前したときに、心が根底から般若化されて、心を騙していた渇愛があぶり出されて、これは渇愛であると知られ、断ぜられるのです。ゆえに「これは苦である」と知られることと、「これは渇愛である」と知られることとは、一応区別されるのです。

第三の滅諦《めったい》についても同様でして、われわれは「滅諦」とか「涅槃《ねはん》」という言葉は知っていますが、しかし滅諦涅槃そのものを知っているわけではありません。しかし悟りの般若が実現して、この般若によって滅諦や涅槃を体得するところに「これは滅諦である」と如実に了知することができるわけです。そのために、渇愛を知ることと、渇愛の滅を知ることとは区別されるわけです。

同様に苦の滅に至る道諦《どうたい》は八聖道《はっしょうどう》（八正道）でありますが、これとても、われわれは八聖道という言葉を知っているだけであります。八聖道の内実を知らないのですから、これは道諦であると如実に了知することができるわけがありません。ゆえに真実の般若によって、正見・正思・正語・正業などの八聖道を正しく了知するところに、八聖道の実践も可能になるわけです。八聖道の実践によって、八聖道の理解が深まり、八聖道の完成が実現するのでして、そのとき「これは道諦である」と如実に了知することが可能になります。

以上のように四聖諦はそれぞれ各別に、正しい般若によってその内容が了知され、「苦からの解脱」が実現するのであります。したがって般若とは何か、いかにして自己に般若を実現するかが中心課題になるわけです。

4　般若と定、聞・思・修の三種の般若

阿含経に次のように説いています。(SN. 56, 1. vol. V,p. 414)

諸比丘よ、定《じょう》(三昧《さんまい》)を修《しゅ》習《じゅう》せよ。定を得たる比丘は、如実に了知す。何をか如実に了知するや。これは苦なりと如実に了知し、これは苦の集なりと如実に了知し、これは苦の滅なりと如実に了知し、これは苦の滅に至る道なりと如実に了知す。

と説いています。すなわち「定を得た心」は四聖諦を如実に了知するというのでして、こ

こには「定を得た心」と言っていますが、しかし如実に了知するのは般若の作用ですから、これは般若の智慧が禅定において力を強めることを示しています。

戒定慧の三学

仏教では、戒定慧《かいじょうえ》の三学《さんがく》といいまして、この三学でもって簡潔に修行の道程を示しています。すなわち第一の「戒学」とは、戒律を守ることであります。戒律には道徳に合する規則が多いですから、戒律を破る人は悪を犯して良心の呵責に苦しみます。そのために、第二の「定学《じょうがく》」を実習して、坐禅を修して、心を鎮めようとしても、悪行への後悔がおこりまして、心を鎮めることができません。しかし戒律を守って、正しい行ないをしている人は、後悔がなく、心に怖れがありません。心に怖れがなく、満足があれば、心は平安になり、坐禅を実習しても、容易に心を鎮めることができます。そして心の統一を得て、心は三昧に入ることができます。心が三昧を得て、対象に心を集中させることが「定学」であります。

この「心集中」において法を観察し、縁起を悟ることが第三の「慧学《えがく》」であります。慧学は詳しくは「増上慧学《ぞうじょうえがく》」（アディパンニャー・シッカー）といいますが、この場合の「慧」は「パンニャー」でありまして、すなわち「般若」であります。法を観察するとはすなわち縁起を観察することでありまして、それによって法界《ほっかい》に通達《つうだつ》するのであります。

聞慧・思慧・修慧の三慧

ともかく般若の智慧は禅定において力を得るのでありまして、禅の心集中力が般若の力を強めるのであります。しかし般若は禅定中に突然現われるものではないのでして、人間は生まれながらに般若（慧）をそなえています。これを「生得の慧」といいます。人間に生得の慧があることは、『倶舎論』のはじめに世親が述べております。この生得の慧をはたらかせて仏教の経典を読んで理解し、さらにそれを禅定において考察して、仏教の説く真理を自己のものにするのが、仏教の修行であります。これを般若を中心にして見ますと、聞慧《もんえ》・思慧《しえ》・修慧《しゅえ》の三慧となります。世親は同じく『倶舎論』巻二二に、この三慧についても説明を行なっています。

『倶舎論』巻二二によりますと、聞慧とは「聞所成の慧」といいまして、聞より生ずる慧であります。「聞《もん》」とは仏の正法を聞くことであります。仏教以外の教えを聞いても「聞」とはいわないのでして、仏の正法を聞くことが因となって悟りが実現しますので、これを「聞」といいます。『倶舎論』ではとくに「四聖諦を聞くこと」を聞といっています。『倶舎論』には「この教えを聞き已《おわ》りて、所聞の法義を勤求《ごんぐ》し、法義を聞き已りて、無倒に思惟し、思い已りて方《まさ》に能く定に依りて修習す」と述べています。「所聞の法義を勤求す」とは、教理の意味（義）を探求することです。教理はただ聞くだけでは十分でなく、その意味を探求することが必要です。教理の意味をよく理解することによって、聞慧が成り立つわけです。ここまでが聞慧です。

次の「法義を聞き已りて、無倒に思惟す」とありますが、この「無倒に思惟する」ことが思慧であります。無倒に思惟するとは、聞慧の内容を正しく、誤りなく思惟することです。誤りなく思惟することによって、法義の理解を深めることです。これが「思慧」であります。

次に「思い已りて方に能く定に依りて修習す」とあるのが「修慧」であります。「修習」とは、練習を繰り返すことによって習慣的な理解に達することです。

例えば「無我観」について言えば、無我の教説を単に暗記するだけでなく、その意味を十分に理解するのが「聞慧」であります。しかし私どもには本能的な自我意識がありまして、無我観を受容しようとするのを拒否します。しかし身体も心も一切が無常でありますから、固定的な自我、生まれてから唯一なる自我が存在するという見方は、理論的には否定されます。すなわち無我であることが、理論的には一点の疑いもなくなることが思慧であります。聞慧の無我の理解は他律的ですが、思慧の無我の理解は自律的・自主的であります。すなわち思慧の段階では、理論的には無我観に立っておりますが、しかしなお自我意識の習慣性がありますし、自我にたいする執著があります。この習慣的自我意識・我執を滅するために、禅定において無我の観法を繰り返し練習するのが「思い已りて、方に定に依りて修習す」の段階であります。この無我の観法を繰り返し練習するところに、無我の理解が自己に習慣的に定着するのでありまして、この段階に至れば努力をしなくても無我にもとづいて、判断や行動をなしうるようになるのです。これが修慧です。

しかしこう言ったからとて、無我になれば、認識主観が否定されるとか、我れと汝の日常生活における自己が存在しなくなると言うのではありません。諸行無常の世界でも記憶や判断は成立しますし、諸法無我といって、無我の立場でも「法」は成立するのです。それゆえに「自己」という理解も、無我の立場で理解する時、諸行無常の世界に成立している「自己の真実の姿」が正しく理解され、そこに無我にもとづく行動が正しくなされ、苦からの解脱が可能になるわけです。われわれは我執がある限り、苦しみから脱することはできないのです。しかし修慧の段階に達することは容易でありませんし、その境地をわれわれがあれこれ類推してみても、たしかなことは分かりませんから、この考察はほどほどにしたいと思います。

ともかくこのように教法の理解・逮得は般若の智慧によってなされるのです。その般若の進展は、聞慧から思慧、さらに修慧に進んで完成するのでして、この段階で仏陀の教説と自己とが合一するのであります。このように般若の智慧は禅定において強められるのです。もちろん心が三昧に入るには、坐禅の実習が効果がありますが、しかし注意力を集中し、心を統一することは、われわれの日常生活においても常に行なわれていることですから、それによって日常生活においても、般若の智慧は気がつかない間に強化されていると言わねばなりません。

言葉と意味

なお『倶舎論』には、聞思修の三慧について、別の解釈も示しています。すなわち「三慧の相は、名《みょう》と倶と義とを縁ずる」といいまして、聞慧は「名」すなわち言葉を理解する段階だといいます。例えば「仏陀」という言葉、「涅槃」という言葉を聞いても、それで仏陀や涅槃の意味が全部わかるわけではありません。多年にわたってその内容を研究し、さらに修行をつんで、その理解が深まっていくわけです。「名と倶と義」という場合の「義」は意味内容のことですが、しかし言葉の「意味」と、この場合の「義」（意味）とは別です。言葉の意味は聞慧の段階で知られますが、その義は修慧の段階になって、はじめて完全にわかるということです。そして思慧は「倶」の段階にありまして、言葉を理解し、さらにその意味（義）を少し理解しうるようになった段階であるというのです。

ここで重要なことは、言葉を知ることがその意味（義）までも知ったことにはならないということです。例えばわれわれは、仏陀とか涅槃という言葉を、あたかも自明なごとくに使っておりますが、しかし実際はその意味が十分にわかっているわけではありません。とくに仏陀や涅槃は、自ら悟りを開いて成仏しない限り、その内容が正確にわかるはずはありません。しかしその言葉の意味（語義）は、仏教を研究する者には何ほどかわかっているわけです。しかしわれわれは、少しわかっているだけなのに、完全にわかっているように思いがちです。

『法華経』の「方便品」に「唯仏与仏《ゆいぶつよぶつ》、乃能究尽《ないのうぐうじん》、諸法実相《しょほうじっそう》」という言葉があります。これは「唯だ仏と仏とのみ、乃ち能く諸法実相《しょほうじっそう》を究尽《ぐうじん》したまえり」と読みますが、「諸法実相」という言葉は、仏教を研究する人には何ほどかわかっているでしょうが、しかし完全にわかる（究尽する）のは、仏と仏とのみであるというのです。

「諸法実相」という言葉にも、いろいろな意味がありまして、なかなか完全にわかったとは言いがたいのですが、総じて仏教の用語は多義的で、深い意味を持っていますから、研究を深めるにつれて、意味の理解が変わってきます。とくに聞慧の段階と思慧の段階、修慧の段階では、同じ言葉も意味の理解が変わるのでして、とくに修慧の段階は理解が身についた段階でして、いわゆる「身心脱落《しんじんだつらく》」の境地でありますから、この段階になってはじめて「わかった」と言いうるわけです。仏教では、わからないのにわかったと広言することや、悟らないのに悟ったと誤解するのを「増上慢《ぞうじょうまん》」といいます。われわれはとかく増上慢におちいりがちですが、しかしおちいったままで進歩がなければ、悲劇というべきか、喜劇というべきか、ともかくドンキホーテのようになってしまっても、自分にはそれがわかっていないのですから、たえず厳しい自己反省が必要なわけです。

5　般若と識

言葉によらない智慧

以上のごとく、言葉によらなければ、釈尊の教えはわれわれに伝わらないのですから、言葉は重要です。しかし言葉にとどまるのは聞慧の段階でして、仏教の完全な理解ではありません。この段階では、まだ完全な般若の理解ではないのです。すなわち「仏陀」とか「涅槃」とかという言葉を知ったとしても、それで釈尊の教えが理解されたのではありません。釈尊は般若の智慧によって悟りを開かれたのですから、われわれも心中に般若の智慧を喚起して、その般若によって教説の言葉を、「仏陀の悟りに合うように」理解する必要があります。そのためにはわれわれは、般若と識《しき》との「区別とつながり」を知らねばなりません。なぜならば、言葉を用いるのは「識」であるからです。般若は本質的には言葉によらない智慧であると思います。

一般にはわれわれは、言葉を用いて、ものを考えたり、理解したりしますが、しかし言葉がなければものが理解できないわけではありません。例えば自分の理解を言葉で表現しようと思っても、なかなか適当な言葉が見つからないということは、よくあることです。すなわち理解が先にあって、後から適当な言葉を見つけてそれを表現しようとするのです。しかし嬰児などはまだ言葉を知りませんから、自分の気持ちを言葉で表現することはできません。しかし嬰児にも理解はあるのです。例えば泣いている子でも母親を見れば、泣くのをやめてにっこり笑います。そしておなかが空いているときに哺乳瓶をあてがえば、喜んで呑みます。あるいは猿やチンパンジー、馬や象などはかなり高い知能を持っているということです。そしていろいろなことを理解することができますが、しかし彼らには言葉がないので、その理解を言葉で表現することはできません。

このように理解が先にあって、言葉はあとにあるのですから、われわれの理解は、本質的には言葉によらないと思うのです。なお識についてはこれまでにも折りにふれて若干論じましたが、ここに補足的に考察しておきたいと思います。

識の無常を知る般若

まず識と般若とは異なることを示しておきたいと思います。さきの五蘊無我の教説において、「色は無常である。無常なるものは苦である。苦なるものは無我である。無我ならば私のものにあらず、私にあらず。わがアートマンにあらず。このごとく、正しい般若をもって、如実に見らるべきである」とありましたが、受・想・行・識についても、同じことが説かれています。すなわち識について次のごとく述べています。

識は無常なり。無常なるものは苦なり。苦なるものは無我（アナッター）なり。無我なるものは「私のもの」（ママ）ではない。それは私（アハム）ではない。それは私のアートマンではない。このごとく如実に正しい般若によって見らるべきである。

（SN. XXII, 76. vol. III, p. 83）

すなわちここに、識が無常であり、苦であり、無我であることを、正しい般若によって、如実に見るべきことが説かれています。すなわち、識は無常なるものを無常と見ず、そのために苦を感受し、さらに識の思うままにならない事実があることにより、識がアートマンでないことが知られるのですが、しかしそれを知るのは、識自身ではないのでして、ここに「正しい般若によって、如実に見らるべきである」といっているように、如実に見るのは「正しい般若」であります。「正しい般若」といっているのは、煩悩とともに活動する般若は、煩悩に妨げられて正しい般若の活動ができないので、それと区別して「正しい般若」といっているのです。

ともかく識の認識活動と、般若の認識活動とは別でありまして、同じ心中にあって識の活動は般若によって見られているのです。そのために識の認識活動はわれわれによくわかるのです。しかし般若の活動は、その般若を見ている別の認識者がないために、直接には知られないのです。しかしまったく知られないのではなく、よく注意して見れば心の中に、識と異なる般若の活動があることがわかると思います。

さらに先の教説により、識が無常であることも、識自身には知られないのでして、般若によって知られるのです。識は言葉によって対象を理解しますが、言葉や概念は静止したものです。そのために識は対象を静止的に摑むものです。対象を静止的に摑むから、自らも静止していると思って、自己の無常を直接には知らないのです。もちろん長時間たって、その前後を比較すれば、識も自身が変化していることを認めるでしょうが、しかし直接には識の無常は識にとっては知られないのです。これは、何も見えない太平洋上を航行している船や、一万メートルの高空を飛んでいる飛行機の乗客は、自分が早いスピードで走っていることに気がつかないのと同じです。しかし般若は動いているものを、動くままに知る智でありまして、自らも流動的な智的活動でありますから、識の無常を知り、また自らの無常をも知るのです。

　識は静止的な認識ですから、対象を静止的に摑むとともに、静止的な自我をも認めるのです。そこに自我にたいする執著が起こります。自我意識は世界を自己の思うままに動かしたいという願望をもっています。仏教ではこれを「我《が》」の「常一主宰《じょういつしゅさい》」の義と表現しています。識の構想している自我の内容は、常住で唯一、さらにすべてを自己の思うままに動かしたいという願望（主宰）、この三つの性質より成っていると見るのです。しかし実際には、識も、そして識の構想している自我も「常一主宰」ではありませんから、これらの欲望と、現実との間には矛盾が生じます。そのために識に苦が生ずる。それをさきの教説には「無常なるものは苦なり。苦なるものは無我なり」と述べています。識に苦が生ずることが、識や識の立てている自我が常一主宰でないことを証明しているわけです。そのために「識は無我である」というのであります。その点を詳しく「私のものではない、私ではない、私のアートマンではない」という三点で示しています。無常なるものは所有することができないので「それは私のものではない」というのです。さらに「私」という自己同一の主体を立てるためには、「私」が常住であることが必要です。私がただちに消滅してしまうならば、「私」とはいえないわけです。ゆえに「それは私ではない」というのです。それゆえ、仏教では生まれてから今まで「変わらない私」ではなしに、「変わりつつ存続していく私」を認めるのです。さらに「私のアートマンではない」という場合のアートマンは、ウパニシャッドで主張しているアートマンを否定したのであると考えてよいと思います。

識が無常であり、苦であり、無我であることは、般若によって知られるのです。苦であることは、識にも理解できるようですが、しかし苦の真実の意味は、凡夫にはわからないのであり、悟った聖者になってはじめてわかると言われていますから、苦の真理も般若によって知られるわけです。同様に「無我」も、自我を構想する識には理解できないことであり、般若によって知られるのです。それゆえ、般若は識の立てる自我とは一緒に行動しないのでして、般若自身も無我の智慧であります。般若が無我であるとは、執著を持たない智慧であるという意味を含んでいます。

「区別して知る」識と「洞察する」般若

識は「区別して知る」（ヴィジャーナーティ）のにたいし、般若は「洞察する」（パジャーナーティ）といいます。般若の「パジャーナーティ」は日本語には訳しにくい言葉ですが、それは、現前（パ）に知る（ジャーナーティ）という意味ですので「洞察」の語が近いかと思います。

『倶舎論』や『唯識論』では、般若を「法を簡択《けんちゃく》する」（ダルマ・プラヴィチャヤ）はたらきと説明しています。この「簡択」には「えらびとる」という意味があります。したがってこの点では、般若にも「えらびとる」、つまり「区別して知る」意味がないとはいえません。しかし「法を簡択する」という場合の「法」をどう理解するかが問題です。

阿含経の教説では、法は「縁起によって生じた法」（パティッチャサムッパンナ・ダンマ）と説かれています。すなわち法は多くの縁が集まって生じたものであることが示されています。したがって「衆縁」とそれが集まって生じた「法」とは、ある面では同じでありますが、しかし衆縁が集まって一つになることによって、変化が生じます。衆縁は「多」であるのに法は「一」でありますから、その点では同じでありません。例えば酸素と水素が化合して水になったとしますと、水には酸素にも水素にもない性質があります。それゆえ、原因である衆縁と、結果である法とは、ただちに同じであるとはいえないわけです。この同じともいえず、異なるともいえない「縁」と「起」の関係を知るのが、般若の「パジャーナーティ」の意味であります。

しかし『倶舎論』では、法が衆縁所生である点は注目されておらず、法とは「自相を持つもの」と理解されていますので、法を簡択するのが般若であるといいましても、『倶舎論』の「簡択」には、縁起の「不一不異」の理解が含まれていないうらみがあります。しかし唯識仏教は般若経の空の思想を踏まえて、教理を組織していますから、唯識仏教の説く「簡択」には、空の思想を読みこんで理解すべきでありましょうが、問題がないわけではありません。

般若と識の相互性

なお識は言葉を用いる理解ですから、般若とは異なる知性ですが、しかし識と般若とはつながっているものです。そのことは阿含経「中部」の『有明大経』の説明に示されています。『有明大経』には「識と般若とは、結合しているものにして、分離しているものにあらず」と説き、さらに「洞察することを区別して知るのであり、区別して知るものを洞察するのである」とも説いており、「区別して知る」(識)と「洞察する」(般若)とは、知る作用は異なるのですが、知る内容(対象)は同じであると説いています。すなわち般若で洞察した内容を、識によって言葉で表現するのです。同時に識によって言葉の内容を理解し、これを般若によって洞察し直すのです。

そして『有明大経』には、識と般若との違いを「識は遍智さるべき(パリンニェイヤ)であり、般若は修習さるべき(バーヴェータッバ)である」と説明しています。般若が修習さるべきことは、『倶舎論』の「修慧」の説明にもありましたが、般若の如実知見の作用は、修習によってのみ、その力を増大するのですから、禅定においてくり返し法を観想する修習が重視されるのです。これにたいして識の区別して認識することは、「遍智」（パリジュニャー）さるべきことが要求されています。これは、絶えず変化している現象の世界は、変化していますが、その変化はつながっています。しかしそのつながっている現象界を、一齣《こま》一齣に区切って知るのが識であります。したがって識の認識は、そのままでは存在の真相を示しているとはいえません。そのために、識の区別した認識に即して、存在の真相を洞察すべきであり、それをここに「遍智さるべき」（パリンニェイヤ）であると示しているのであります。「遍智」（パリジュニャー）とは「完全に知る」という意味で、全体的な直観を指すと思います。これは「般若」（プラジュニャー）の作用であると見てよいと思います。

ともかく識の判断や、言葉による表現を、そのまま真理であると認めないのが仏教の立場でして、識の奥にある般若の悟りを発見すべきことを説くのです。しかしそのことも、言葉によらなければ他に知らせることができないところに問題があります。

6　世俗諦と第一義諦

二つの真理

般若による「さとり」と、言葉による表現との関係は、竜樹《りゅうじゅ》の説く「世俗諦《せぞくたい》と第一義諦《だいいちぎたい》」の教理によっても知られます。

竜樹の『中論《ちゅうろん》』には「諸仏は二諦《にたい》に依りて、衆生のために法を説きたもう。一には世俗諦をもってし、二には第一義諦なり。もし俗諦に依らざれば第一義を得ず。第一義を得ざればすなわち涅槃を得ず」と説いています。

ここで「世俗諦」というのは「世間が真理として認めていること」という意味です。「諦」とは真理の意味です。世俗諦は、世間では真理として通用していますが、しかし世間の人は煩悩に色づけられていまして、迷妄の世界に生きていますから、そこで正しいと認められていても、仏教の立場から見たら真理とはいえないことがあります。しかし真理でないからといって、それをまったく否定してしまったら、仏教の聖者も世間で生きていくことができなくなるでしょう。

これにたいして「第一義諦」は、「仏教の聖者が真理として認めること」という意味です。仏教の悟りの智慧によって認められる真理が第一義諦です。これは仏教では真理として立てますが、煩悩に汚れた世間の智慧では真理として認めがたいものです。

　このように世俗諦は、世間では「諦」であるが、仏教では諦とならないこと、第一義諦は仏教では諦として立てるが、世間では諦として認めないことをいうのです。このように両者は相互に対立する性格がありますから、仏教者は二諦を正しく使いわけることが大切であるというのです。ゆえに『中論』に「もし人、実のごとくに二諦を分別《ふんべつ》すること能わざれば、すなわち甚深の仏法において実義《じつぎ》を知らざるなり」と説いています。

「実のごとくに二諦を分別する」とは、仏教の聖者でも世間で生きる場合には、世間が真理とすることを無下に否定しないということです。例えば「諸法無我」ということは、仏教では真理でありますが、世間の常識では人は生まれてから死ぬまで同一人物であると見ています。ゆえに仏教の聖者も世間で生活するためには、この世間の常識に合わせる必要があります。ゆえに、仏教の聖者は、世間と交わるときには、心の中では自己も世界もすべて無我であることを認めつつも、世俗に歩調を合わせて、相手の理解にしたがって、自己を自己同一の存在として取り扱うわけです。そうでないと人と約束をしたり、ものを貸してそれを返してもらうこともできないことになりますし、世間を導いて仏法に引き入れることもできなくなるからです。これが仏教の説く「方便」であります。

「和光同塵《わこうどうじん》」という言葉は老子の言葉ですが、天台大師《てんだいだいし》もよくこの言葉を使っています。

これは、智慧の光をやわらげて、俗塵に同ずる意味でして、第一義諦の鋭い智慧を心の奥深く蔵しつつも、世俗に入れば俗諦に同ずるのです。世俗に同ずるのは、世俗を導いて仏法に引き入れるためです。世俗にたいしては、絶えず迷妄の世界から脱するようにはたらきかける必要があります。世間が楽であると思っていることは真の楽ではなく、苦の原因であることを示し、執著を捨てるところに、苦からの真の解脱があることを示すのです。ここに真俗二諦の「中道」の立場があると思います。

言説諦としての世俗諦

しかし世俗諦には二つの意味があります。世俗諦には、「世間が真理として認めていること」の意味と、もう一つは「言説諦《ごんぜったい》」といいまして、「言葉によって表現される真理」という意味です。すでに述べたように、仏陀の教えは言葉に表現されなければ、人びとに伝えることはできません。しかし言葉は「識」によって言詮されるものでして、般若の理解そのままを言葉に示すことはできません。

ゆえに『中論』には「第一義はみな言説に因る。言説はこれ世俗なり。このゆえに、もし世俗に依らざれば、第一義はすなわち説くべからず。もし第一義を得ざれば、いかんが涅槃に至るを得んや」と説いています。

すなわち言葉は世俗に属し、不完全なものでありますが、しかし言葉に依らなければ、仏陀の教えを説くことも、また仏陀の教えを学ぶこともできないわけです。しかし言説は世俗であって第一義ではないのですから、言葉にとらわれ、言葉にとどまってはならないわけです。それゆえ、言葉に依りながらも、言葉を超えねばならないわけです。しかしここで方向を誤ると、第一義でないものを第一義と思い誤る危険があるわけです。この誤りにおちいらないためには、仏法僧の三宝にたいする深い信と、仏陀の真実の教法を選びとる般若の智慧による以外に方法はないと思います。何が真実の教法であるかは、最後は自己の心で決定するより方法はないからであります。

このように第一義諦は「教法」としての世俗諦を依りどころとしていますが、しかし第一義諦そのものは、言説を離れたものであります。そのことは竜樹も『中論』の中に明瞭に説いております。すなわち「仏は諸法実相《しょほうじっそう》を説きたもうも、実相の中には語言の道なし。もろもろの心行《しんぎょう》を滅す」と説いています。さらにまた「諸法実相の中には、我もなく非我もなし。諸法実相は心行も言語も断ず。生もなく、また滅もなし。寂滅なること涅槃のごとし」とも説いております。

ここで、諸法実相は寂滅であり、涅槃と同じであると言っていますから、諸法実相は第一義諦というも同じであります。すなわち諸法の実相、存在の真実の在り方は、言葉によっては表現できないというのであります。仏は諸法実相を説かれるのですから、その限りでは諸法実相は言説で示しうるわけです。しかしその言説によって示される「諸法実相」そのものは、言葉によっては示されないというのでして、正しい般若によって洞察されるべきものであります。

以上のごとく「世俗諦」には、世間が真理として主張することという意味の世俗諦と、もう一つは「言説諦」として、仏陀の教法を説く「言説」の意味の世俗諦とがあります。第一の世俗諦は「一切法の性は空なるも、しかも世間は顚倒《てんどう》のゆえに虚妄《こもう》の法を生ず。世間においてはこれ実なり」という世俗諦でありまして、これは捨てられるべき世俗諦であります。この世俗にたいしては、仏教者は「和光同塵」の立場に立って、世俗を仏教に導き入れるために「方便」の立場で世俗を受け入れるのであります。

もう一つの世俗諦は言説諦としての世俗諦であり、これは仏陀の正法も言説によって示されていることをいうのであります。これも言説である限り、真実とはいえないのですが、しかしその中に仏陀の悟りの真理が含められており、第一義が示されているという意味の世俗諦であります。この世俗諦は言亡慮絶《ごんもうりょぜつ》の第一義諦につながる世俗諦でありまして、「もし俗諦に依らざれば第一義を得ず。第一義を得ざればすなわち涅槃を得ず」といわれる底の世俗諦であります。

このように世俗諦と第一義諦の関係も複雑でありますし、第一義諦に入り得たとしても、ただちに涅槃が証得されるわけのものではありませんが、世俗諦と第一義諦とをつなぐものは、自己にそなわる般若の智慧であると思うのでありまして、まずわれわれは自己の心中に般若の智慧を正しく発見し、その力を強化するために努力すべきであると考えます。

しかし世俗諦と第一義諦とを分けることは、仏陀の立場に立ってなしうることです。「諸仏は二諦に依りて法を説く」といわれたように、二諦を区別しうるのは仏陀の立場です。凡夫であるわれわれは、我執を断じているのでもなく、また煩悩を断じているのでもないのですから、第一義諦に属し得ないことは明らかです。しかし何ほどか仏教を理解し、第一義諦に向かって努力しているのですから、まったく無自覚に世俗諦に堕しているのでもないと思います。したがってわれわれ自身は、二諦を分別する力はないと思いますが、仏陀の二諦の教説を受け入れることはできると考えます。

7　縁起と般若、八不

善心と悪心

さきに縁起を説明するとき、因となる衆縁《しゅえん》と、それらが集まって起こる法との間には、連続ともいえず、断絶ともいえない関係があることを述べましたが、明恵《みょうえ》上人は『解脱門義』のはじめに「牛が水を飲めば乳になり、蛇が水を飲めば毒になる」という言葉で、それを示しています。すなわち同じ水を飲んでも、結果は乳となると毒となるとの違いがあります。牛は水を飲むと同時に、草や穀物、その他のものを食べて、体内の消化液その他の力によって、乳を作ります。同様に蛇も水を飲むと同時に、小動物を捕って食べ、体内の消化液などでそれを消化して毒を作るわけです。牛乳は人間が飲めば成長に役立ちますが、蛇の毒が体内に入ったら、生命を失う恐れがあります。乳も毒も水なしにはできませんが、しかし水と同時に作用する他の要素が違うと、まったく性質の異なった乳と毒とができるわけです。

すなわち衆縁と、それが合してできる法との間には、これだけの違いがあります。それゆえ、善心と善心とが合して、より強い善心になることもありますが、しかし性のあわない善と善とが合すれば悪心に変わることもあるのです。なぜならば悪心を起こす人、必ずしも最初から悪人であったのではないからです。善人の善心でも、協同する他の心理作用との結合の違いによって、悪心になりうるのです。

この心の善心・悪心の問題は、アビダルマ仏教で、六因《ろくいん》・四縁《しえん》・五果《ごか》の因果の法則の説明や、詳しい「心理分析」の研究が行なわれ、それらの心所法《しんじょほう》の倶生《くしょう》の法則等で示されていますが、ここには「六因」のうちの、同類因《どうるいいん》と異熟因《いじゅくいん》との二因の性格を説明することによって、簡単にその一面を示しておきたいと思います。

六因のうち同類因は等流果《とうるか》を引くといいまして、これは因と果とが同性質の場合の法則です。すなわち善因善果、悪因悪果の因果律です。善心が果として善心を引き、悪心が果として悪心を生ずる場合です。心は同性質の心を生じやすい性質があるために、それを妨げる法がない場合には、善心は善心を生じ、悪心は悪心を生ずるのです。

次の異熟因は異熟果を引き、これは因と果とが性質の異なる場合です。これは善因楽果、悪因苦果の法則ですが、果である楽や苦は「無記《むき》」(善でも悪でもない)ですので、因と果の性質が異なるのです。そのために異熟因異熟果というのです。これは善を行なえば喜びが生じ、悪を行なえば後悔や苦が生じますので、かかる法則が説かれるのです。同時に、人間には苦や楽のあることが認められますから、その原因を考えて、楽の因として善を、苦の因として悪を想定したのです。

しかし苦と楽は無記ですから、苦心・楽心の次にいかなる心が起こるかは、その時の心の条件で決まるのでして、楽心のあとに悪心が起こり、苦心のあとに善心が起こることもありうるのです。つまり苦楽の心のあとに生ずる心はきまっていないのでして、ここに悪人が善人に変わり、善人が悪人に変わるチャンスがあるわけです。同類因等流果の法則だけですと、善人はますます善人になり、悪人はますます悪人になって、悪人が善人に変わる自由はないわけですが、異熟因異熟果の心が同類因等流果の心の間に介入して生ずるので、人間は善悪種々に変化するのであり、ここに心の自由なる決断が起こりうると考えられるのです。

心の生滅

なお六因・四縁・五果のうちの「四縁」は、因縁《いんねん》・等無間縁《とうむけんねん》・所縁縁《しょえんねん》・増上縁《ぞうじょうえん》の四種をいうのですが、そのうち第二の「等無間縁」とは、われわれの心が生じた刹那に滅することをいうのです。諸行無常ですから心理の世界だけでなく、物質の世界も刹那滅《せつなめつ》ですが、心の世界は一定の法則にしたがって、滅した心の後に、次の心が生じ、その間につながりがあります。そして等無間縁とは生じた心は必ず刹那に滅し、次の心を呼び起こす性質があることをいうのです。

われわれの心には、次から次へと新しいアイデアが浮かんできて、自由自在に思索を進めていますが、心が自由にものを考えることができるのは、前の心が刹那に滅するからです。前の心が滅するから次の心が生ずることができるのです。もしそうではなしに、前の心が意識の表面にとどまっていても、次の心が生じうるとしたら、意識の表面は生じた心で充満してしまって、心が混乱して、正しくものを考えることができなくなるでしょう。

あるいはもし前の心が意識の表面にとどまっている限り次の心は生ずることができないとしたら、われわれの心は自由にものを考えることはできないでしょう。したがってわれわれの心が、自由自在にものを考えたり、認識したりすることができるのは、生じた心は刹那に滅し、一定の法則にしたがって次の心を呼び起こすからだということがわかります。すなわち心が変化し、思惟をなしうるのは、刹那滅で心が生滅するからであり、しかもその生滅（継起）に一定の法則があり、秩序があるからだとわかるわけです。この心の生滅の秩序を等無間縁と呼んでいるのです。

なお六因・四縁・五果については詳しい説明を必要としますが、ともかくこれはアビダルマ仏教が「縁起」を因と縁と果とに分解して、さらにそのいちいちを細かく分析して説明したものでして、あまり細かく分けて説明しているために、縁起の全体の意味が見失われた感がするのです。そこでここでは竜樹が『中論』において、縁起の意味を総体的に示した解釈を考察し、縁起の意味を明らかにしたいと思います。

八不の縁起

『中論』には、巻頭に仏陀にたいする「帰依《きえ》」を表白して、縁起を説いた仏陀を讃嘆しています。その言葉は次のごとくです。

不滅にして不生《ふしょう》、不断にして不常、不一にして不異、不来にして不去なる縁起、その戯論《けろん》を寂滅し、吉祥なる（その縁起）を説きたまえる正覚者なる、もろもろの説法者中の最上者に、我れは敬礼したてまつる。

と。ここに縁起が、不滅・不生・不断・不常・不一・不異・不来・不去の「八不《はっぷ》」の性格をそなえていることが示されています。

縁起において、縁となる「衆縁」と、それらが集まって一つになることによって成立する「法」に、連続の面と断絶の面とがあることは、すでに指摘しました。この連続と断絶ということは、否定的に表現すれば「断絶にもあらず、連続にもあらず」ということになります。これは八不のうちの第三・第四の「不断にして不常」に相当するわけです。

仏教ではかかる場合、肯定的に表現して「連続にして断絶」とはいわないで、「断絶にもあらず、連続にもあらず」と表現します。「連続にして断絶」といいますと、これは識の判断の立場の表現でして、しかもこれは、論理的に矛盾した立言だからです。これにたいして「断絶にあらず」といえば、「断絶」以外のすべての可能性がそこに含まれていますし、「連続にあらず」といえば、否定される連続以外のすべての可能性がそこに含まれています。論理学でいえば「断絶にあらず」は「連続」と同じであり、「連続にあらず」は「断絶」と同じになりますが、しかし「連続にして断絶である」という立言は、識の判断の立場では矛盾でありまして、受け入れることはできません。

しかるに「衆縁」とそれが一つになって「起こる」法との間には、必然的に連続と断絶との二面を持っていますので、識の判断の立場では理解できない問題であることを示しています。すなわち縁起を理解できるのは、判断を立場とする「識」ではないのでして、これは「般若」の智慧であります。それゆえ、「断絶にもあらず、連続にもあらず」という、判断とは異なる、広い思惟を可能にする表現を用いているのです。

八不は、不生・不滅、不常・不断、不一・不異、不来・不去の八ですが、いまはこの中の「不常・不断」を取り上げたわけです。このうち、最初の「不生・不滅」は無常の問題に関係があります。

例えば「私は死んだ」とはいえない。私がある限り私は死なないし、私が死んだ時には私は存在しない。それゆえ「私は死んだ」といえない。このことは「無常」を論ずる時に述べました。「私」という個物を立てると、生ずるとか、滅するとかということはできなくなるのです。生じない前に私があれば、生ずる必要はないわけですし、生ずる前に私がなければ、ない私がどうして生ずることができるかと詰問されたとき、これに答えることは困難です。すなわち「生ずる」とか「滅する」ということは、人間の現象を見る見方です。例えば種子を蒔いたら芽が出たといいますが、芽が出た時には種子はなくなっています。種子が水分を吸って芽に変わったのです。ゆえに芽から見れば「生じた」ことが、種子から見れば「滅した」と見られるわけです。さらにAの家からBの家に人が来れば、Bから見れば「来た」のですが、Aから見れば「去った」と見られるわけです。ゆえに「来る」とか「去る」ということも、見る人の「見方」の問題でもあるわけです。

サンカーラーとしての縁起

ゆえに固定的な実体を認めると、生滅・去来・一異・断常などの変化は成立しなくなるのですが、しかし実体を認めないと、何を基準にして変化を理解するかという問題がありります。それゆえ、仏教では「サンカーラー」（諸行）という物質的・心理的なエネルギーを存在として認めているのでして、このサンカーラーの活動の上に、われわれの「見方」として、「法」の生滅・去來・一異・断常などを認めるのです。すなわちこれらは、現象の変化の「見方」の問題です。ゆえに嬰児が母親から生まれるといっても、どの段階を「生まれる」と見るのか、にわかに決定しがたいものがあります。さらに人間の死に関しても、最近のように「脳死」を人の死と認める見方が起こりますと、脳死を人の死と認める人と認めない人、さらに認めない人の間にも、人の死に関する解釈に種々の違いが起こっています。すなわち「死」という事実があるというよりも、生物のある状態を「死」

と認めるか認めないかという問題があるのだと思います。

それゆえ、生滅・断常・一異・去来などは、われわれが現象の変化を理解する「型」であるわけでして、現象界にこれらのことが、そのまま存在するとはいえないと思います。すなわち生とか滅とかがそのまま存在するのではないから、さきの「八不」の教説でも、縁起は「生でもなく、滅でもない」等の八不の性格のものであると説いているのです。縁起はサンカーラーと別のものではありません。サンカーラーの縁起的活動の上に「法」が成立するのです。そのために法を「縁起によって生じた法」と呼ぶわけです。ともかくサンカーラーの縁起を考えますと、縁起には「連続ともいえず、断絶ともいえない」等の八不の性格が認められるのです。したがって縁起によって生じた法にも、八不の性格が含まれていると見てよいと思います。

8　縁起と空仮中

縁起と空

縁起といえば、縁起の理法を指しますが、同時に縁起の力を持つ法をも指すのです。なぜならば縁起を起こす法を離れて、縁起の理法だけがあるわけではないからです。そのために部派仏教の中にも「縁起支性は無為なり」といって、縁起の道理を独立の「無為法」

と立てる部派もありますが、一方には「縁起支性は定んでこれ有為《うい》なり」と説いて、有為の諸法の中に縁起の力が内在していると見ている部派もありました。現象界の諸法が縁起の力を持っていなければ、この有為の世界に縁起の道理が現われることは不可能だからです。

それゆえ「縁起」といえば、縁起の理法を指す場合と、縁起する法（存在）を意味する場合とがあります。しかし多くの場合は、縁起といえば縁起する法を指すのでして、理法のみを意味するのは特殊な場合です。

さきの「八不《はっぷ》をそなえる縁起」という場合の縁起も、八不によって縁起する法を意味していると理解してよいと思います。したがって、有為の世界の諸法が、そのまま「縁起」であります。なお『中論』には、第二四品第一八偈にも「縁起」の語がありますが、漢訳者の鳩摩羅什《くまらじゅう》は、この「縁起」を「衆因縁生法《しゅいんねんしょうほう》」と訳しています。これは「縁起」と、衆因縁（この場合の因縁は縁起と同じ）によって生じた「法」とを同じものと見ているのです。そしてこの偈の意味は、そのように解釈して、意味がよく理解されるのです。この偈は梵文から翻訳しますと、

すべて縁起であるもの、それをわれわれは空性《くうしょう》と説く。その空性は、縁《よ》りて仮説《けせつ》せられたものであり、それがまた中道である。

と読めますが、羅什はこれを次のように訳しています。

衆因縁生法、我れはすなわちこれを無なりと説く。またこれを仮名《けみょう》となす。またこれ中道の義なり。

と。空性を羅什はここで「無」と訳していますが、この原語は「シューニヤター」ですから、「空たること」の意味であり、「無」と訳すのは意訳すぎるきらいがあります。ただし羅什も、この偈文の註釈の部分の翻訳では「衆因縁生法、我れはすなわちこれを空と説く」と訳し、「空」の訳語を用いています。

以上の偈文の中の「空」と「仮名」と「中道」とは、縁起を理解する上で重要な意味を持っています。さきにも言いましたように、縁起の世界は一面ではサンカーラーの世界であります。そして「諸行無常」と「諸法無我」とが説かれていますが、「無常」はサンカーラーについて説かれ、「無我」は諸法について説かれています。しかしこの諸法は縁起によって作られたものです。それゆえ、一面ではサンカーラーの無常の世界が、他面では諸法の世界、縁起の世界であるのです。そして阿含経で法を「無我」と説いていたのを、『中論』では「空」と「仮名」と「中道」とで示しているのです。

空（スンニャ、シューニヤ）の思想はすでに阿含経に説かれており、『中阿含経』には『大空経《だいくうきょう》』・『小空経《しょうくうきょう》』があり、まとめて空の思想を述べていますが、そのほかにも阿含経には空の思想が説かれています。例えば『スッタニパータ』一一一九偈にも「モーガラージャよ、常に念ありて、我《が》の見を破し、世間を空なりと観《み》よ。かくせば、死を度《わた》るべし」と述べ、世間を空なりと見ることを教えています。

『中論』のさきの偈において、漢訳では「衆因縁生法を空なりと説く」とあるのに、梵文では「縁起は空性である」となっています。これは、空（シューニャ）という言葉は形容詞でして、「色は空である」というように、他のものを空と形容することはできますが、「空」というものがあるとは言えないために、梵文では「空性」（シューニャター）の語を用いたのであろうと思います。縁起は空を本性としているという意味です。

羅什は、シューニャを「空」と訳していることが多いのですが、「無」と訳している例もあります。それは「空」には「虚《むな》しい」の意味があり、英語でもempty（空虚）などと訳されています。しかし空は「虚無」の意味ではないのでして、存在しているものに「空」という性質があるという意味です。存在を認めないで、空というのではありません。さきの『スッタニパータ』の教説も「世間を空なりと観よ」というのは、世間の人は、世間を「有」と見ているが、しかし世間は有だけではなく、空の性質があり、そのために「有」が絶えず「壊れるのである」と言わんとするのです。したがって「空」ということは、「有」を認めていることを前提にしているのです。なぜならば、すでに世間を空なりと正しく見ている人に、その空も空であるという必要はありませんし、もし間違えばこれは虚無主義におちいってしまうからです。しかし空に執著している人には、その執著を捨てしめるために、「空もまた空である」という必要があるのです。

世間を有と見ている人は、その有に執著しますから、その執著を捨てしめるために、空と説く必要があるのです。例えば凡夫は自己の生命があると思っており、さらに自己の親族や財産があると思っていますが、しかしそれらは壊れやすいものであって、あるように見えても真実にあるのではないのでして、そのことは死に直面したら、誰にでもわかることです。このように存在しているものが壊れていく性質を「空」といっているのです。すなわち世間の存在は、有を本性としているのではなく、壊れること、空を本性としているという意味です。これは、存在は自己同一の状態を維持できない性質を持っているという意味です。これを存在の状態から見れば無常になりますが、存在の本性から見れば空であるということです。

刹那滅について

竜樹の時代（一五〇―二五〇年頃）には、説一切有部《せついっさいうぶ》の刹那滅説《せつなめつ》が完成していました（ただし『中論』では有為の三相説を述べており、まだ『婆沙論《ばしゃろん》』の四相説には論及していません）。

それゆえ、経量部《きょうりょうぶ》の「法の滅するには因を待たない」という刹那滅説も成立していたと思います。

有部の刹那滅説は、一刹那という極小の時間内に、生《しょう》・住・滅の三相が作用し、法は生相によって生ぜしめられ、住相によって一刹那住し、滅相によって滅せしめられると説明しています。すなわち諸行は無常であるが、しかし一刹那の期間、法は住するのであり、この刹那滅が継起することによって、世界の無常が成立すると説いています。これは合理的な解釈ですが、しかし時間が一刹那を単位として継起するということは、誰にも認識できないことですし、生相によって法が生ぜしめられ、住相によって住せしめられるなどという説明も、これは識の立場からの説明であって、実証できるものではありません。『中論』の「三相品」には、この有部の三相説の矛盾を徹底的に批判し、「一切法には老死の相があり、法は本来的に無常である」ことを般若によって正観すべきであることを説いています。

したがってもし刹那があるとするならば、その刹那においても法は空であり、無常であるというわけです。ともかく『中論』で、縁起によって生じた法が空であると主張するのは、有部の刹那滅説を否定して、識の立場からの無常の理解ではなく、般若の智慧によって、禅定中における無常の洞察から、一切法は空であると主張しているのです。これにたいして有部は、一刹那の法の実有《じつう》を主張し、この立場から、一切法の有を説いている（説一切有）のです。

以上のごとく、縁生の法は、縁より生ずるがゆえに絶えず壊れており、その壊れることが存在の本性であるという意味で、一切法は空であると説いているのです。これが「衆因縁生法は、我れすなわちこれを空と説く」の意味です。

仮名とは

次に「その空なる法が、仮名《けみょう》である」と説いています。これは詳しくは「縁《よ》りて（ウパーダーヤ）、施設《せせつ》（しせつとも読む）せられたもの（プラジュニャプティ）」と述べられています。すなわち「仮名」（施設）は相対的に施設せられたものという意味です。

仮名とか施設と訳されている「プラジュニャプティ」は、パーリ語では「パンニャッティ」といい、この語は原始仏教で古くから用いられています。パーリ上座部《じょうざぶ》の論蔵《ろんぞう》のうち、最も成立の古い『人施設論《にんせせつろん》』（プッガラ・パンニャッティ）は、仏教の認める「人《ひと》」の種類を示したものです。仏教は「無我」を説いていますが、その制約の中で人を認めています。例えば学問や修行をすれば人間が進歩しますから、ついには悟りに達するわけでして、このことを仏教で否定するはずはありません。したがってそこには、持続的に進歩していく人間の存在が認められています。

しかも修行者の間にも、修行の進んだ人と進まない人とがあり、悟りの段階にも差が出てきます。そのために阿羅漢《あらかん》になった人、不還果《ふげんか》に達した人、一来果《いちらいか》、預流果《よるか》の段階にある人など、種々の違いが出てきます。しかも阿羅漢・不還果などは、悟りの段階という意味だけではなく、実際にその段階に達した人がいるわけです。しかし「無我」であるのに、阿羅漢と呼ばれる人がどうしてあるのかという疑問が出ると思います。そこで『人施設論』で「人のパンニャッティ」といっているのは、無我の立場での人の種類を示す意味です。すなわちここに種々の人を説いているが、それはパンニャッティの立場からの説示であり、阿羅漢人や不還人などの実体を認めて説いているのではないことを、「パンニャッティ」の言葉で示しているのです。

その例として『ミリンダ王問経』のパンニャッティの用例を示したいと思います。『ミリンダ王問経』で、ミリンダ王がナーガセーナ比丘に「大徳よ、汝の名は何であるか」と問うていますが、これにたいし、ナーガセーナ比丘は次のように答えています。

大王よ、ともに修行する友人たちは、(私を)ナーガセーナと呼んでいます。しかし私の父母は、(私を)ナーガセーナ、あるいはスーラセーナ、あるいはヴィーラセーナ、あるいはシーハセーナと名づけています。しかし大王よ、ナーガセーナというのは、名称（サンカー）であり、呼称（サマンニャー）であり、仮名（パンニャッティ）であり、言説（ヴォーハーラ）であり、名前のみのもの（ナーマ・マッタ）であります。

　そこには人我（プッガラ）は得られません。


と。ここに「パンニャッティ」（仮名）という言葉が用いられています。すなわちナーガセーナという名前はパンニャッティであるという意味です。ナーガセーナという名前は、単なる名称であって、自分というものを示すことができれば、それでよいのです。そこには「私」という実体は存在しないというのです。パンニャッティには「知らしめる」という意味があり、これは「示す」「言葉」などの意味にもなります。

　ともかく無我の世界においても、比丘が修行すれば進歩があるわけであり、進歩すれば悟りが得られるわけです。そして修行と、その結果としての悟りとの間には「人格的なつながり」があることを認めねばなりません。そういう状況において、無我における人間の種類を示すものが、「人のパンニャッティ」であるわけです。そこでは人を種々に区別していますが、それでもって仏教における修行者の区別が理解できればよいのであり、その区別に実体性があるのではないという意味がパンニャッティの意味であると考えられます。そういう意味で、パンニャッティとは「仮りに名づけたもの」「便宜的に設けたもの」という意味に理解してよいと思います。

それゆえ、『中論』における「プラジュニャプティ」も、「仮名」の訳語が適切であると思いますし、さらに「縁りて施設されたもの」（ウパーダーヤ・プラジュニャプティ）という訳語も、「相対的に命名されたもの」の意味に理解してよいと思います。

空と仮名

それならば『中論』第二四品第一八偈で「空性であるものは、すなわち仮名である」となぜ言っているのかが問題になります。「仮名」とは言葉の意味ですが、それは実体ではないが、或る種の「存在」を示す言葉でありまして、仮名と呼ばれているものは、そのものとして「認識できる」ものであります。縁起で成立している「法」の本性は空であるが、その「空であること」がそのまま「仮名」の語で呼ばれている「有」であると言っているのです。これは、空性と仮名とが矛盾しないことを主張しているのでして、仮名の有は空性に裏付けられて、有として成立しているという意味に解すべきです。

例えば善人が悪人に変わることができるのは、善人の本性が空であり、悪人の本性も空であるから可能であるわけです。悪人に悪の自性《じしょう》があり、善人に善の自性があるとするならば、善人が悪人に変わることは不可能なはずですが、現実には善人も悪人になり、悪人も善人になりうるのです。したがって善人・悪人の本性は空であるわけです。それは同時に、善人・悪人が仮名の有であり、空性に裏付けられていることを示すわけです。しかし仮名の有であることは、悪人の悪、善人の善が虚無であることを意味するのではありません。かえって善・悪の本性が空であるから、善は善としての力を発揮しうるのであり、悪は悪としての力を発揮しうるのでこの力が「仮名」の有です。この有に実質的な力があることを見失ってはならないと思います。そしてこの力に実質的な力があるのは、この力の本性が空性だからです。このように仮名の有の世界は、仮名であるがゆえに、諸法がそれぞれ各自の法の力を発揮する世界であります。

このように仮名の有は空性に裏付けられており、両者はそれぞれ異なるものでありつつ、相互に助けあう関係にあるのです。これは仮名の有の本性が空性であることを示すものでもあります。説一切有部では「自相《じそう》」（スヴァラクシャナ）をもつものが法であると言い、さらに「自性《じしょう》」（スヴァバーヴァ）を持つものが法であると説いていますが、大乗の中観派《ちゅうがんは》は、法は縁起によって生じたものであるから、空であり、無自性《むじしょう》であると主張しています。この無自性・空であることが、同時に「仮名の有」であることと同じであります。

縁起で成立している世界は、差別の面から見れば「仮名の有」の世界として現われており、森羅万象が成立している世界ですが、その同じ縁起の世界を、平等の側面から見れば「空性」の世界として、一色の世界として現われていると言うことができると思います。

それは、縁起した法の世界が「諸法無我」の世界でありつつ、その世界がそのまま「諸行無常」のサンカーラーの力の世界、無限の力の世界であるからであると考えます。

中道ということ

ともかく『中論』の上述の偈では、「空性がそのまま仮名の有であり、さらにこの空であり、仮名であるものが中道（マディヤマー・プラティパッド）である」と説いています。このことは、空性にも有無の二辺を捨する意味があり、仮名の有にも有無の二辺を捨する意味があり、したがって空性と仮名の有とが、そのまま中道であると主張されているのであります。つまり『中論』で説いている「空性」は、単なる空ではなく、いわばうちに有を含む空であり、有無の二辺を離れた空性であります。以上のように空性を理解すべきであります。同時に仮名の有も、空性に支えられ、空性を本性としている「有」でありますから、この仮名の有は有無の二辺を離れた性格を持つと理解すべきであります。

このように空性と仮名とが、有無の二辺を離れていると理解するところに、中道の実践が可能となるわけです。空の理解、仮名の理解において、有無の二辺に執著すれば、中道を失うわけでして、空性の理解も、仮名の理解も、その正しさを失うわけです。

天台大師は蔵通別円《ぞうつうべつえん》の四教《しきょう》にそれぞれ四諦の教理を説き、「因縁所生法《いんねんしょしょうほう》」は生滅の四諦で蔵教の立場、空は無生滅の四諦で通教の立場、仮名は無量の四諦で別教の立場、中道は無作《むさ》の四諦で円教の立場を示すと解釈されました。

蔵教は実生実滅の立場で四諦を解釈すると見るのは、アビダルマが刹那滅の立場で無常を解釈し、一刹那に生・住・滅が実在すると説いているからです。

つぎの通教とは三乗に共通する空の教理を説く立場で、般若経の中には三乗共通の空の思想を示す教説があります。これは不生不滅の空の立場で無常を解釈します。一切法は生滅するごとくでありますが、生ずる主体、滅する主体を立てますと、生も滅も不成立になります。ゆえに諸法の生滅は空の立場に立って、すなわち不生不滅を理解して、はじめて可能になるわけです。

つぎに別教とは小乗と共通でない大乗独自の教理をいうのでありますが、この教によって無量の四諦が立てられるのです。これは「仮名」の立場でして、縁起で成立している世界の諸法は、時間的にも空間的にもどこまでもつながっていて、そこに無量の諸法が成立しています。これは重重無尽《じゅうじゅうむじん》の縁起の世界です。世界の各々の存在がその存在性を正しく得るのは、仮名の立場ではじめて可能なのでして、存在を「仮名の有」として受けとめるとき、永遠性につながる「個の立場」が理解されるのです。

つぎに円教の立場が無作の四諦で示されています。これは「中道」の立場です。これを

「無作の四諦」というのは、無作とは作為を用いない意味でして、自然の普通の生活がそのまま真理に合致していることです。日々の生活がそのまま中道の生活であるという意味です。

天台は好んで「一色一香無非中道《いっしきいっこうむひちゅうどう》」と言っていますが、「一色一香」とはわれわれの経験の世界を指しています。日常の経験の世界がそのまま悟りの生活となっているのが「中道」であります。これは仏陀の生活を指すわけですが、凡夫の生活の中にも、潜在的には中道が含まれているのです。天台は中道に「有無中道」（断常中道《だんじょう》）と「仏性中道《ぶっしょう》」との二つがあると言いまして、『中論』に説く中道は「有無中道」であると言っています。しかし阿含経に説く有無中道・苦楽中道は釈尊の悟りの生活を示す教理ですから、「無作の四諦」の説と矛盾するものとは思われません。

以上のごとく縁起を空性と仮名の有と中道とで示す『中論』の説は、縁起に豊富な内容を盛った教説として注目すべきであります。

9　三智と三諦

一切智・道種智・一切種智

三智とは、一切智《いっさいち》・道種智《どうしゅち》・一切種智《いっさいしゅち》でありまして、『大品般若経』巻一に説いています。菩薩は道種智によって一切智を具足し、一切智によって一切種智を具足し、この一切種智によって煩悩の習気《じっけ》を断ずる。そのためには般若波羅蜜《はんにゃはらみつ》を修行すべきであると説いています。

『大智度論』はこの説を受けて、その巻二七に、一切智は声聞《しょうもん》・辟支仏《びゃくしぶつ》の事、道種智は菩薩の事、一切種智は仏の事と説いています。『智度論』で一切智を声聞・辟支仏の智と見るのは、阿含経で「一切とは十二処《じゅうにしょ》である」と説いているからです。十二処は、眼耳鼻《げんにび》舌身意《ぜっしんい》の六内処と、色声香味触法《しきしょうこうみそくほう》の六外処とでして、これで認識界の一切が含まれます。私どもの認識の領域は、眼と色、耳と声、ないし、意と法でして、この六つの領域以外にありません。ゆえにこの六内処と六外処とを知る智が一切智であるというのです。これは阿含経で仏陀が説かれたことですから、大乗仏教でも声聞も一切智を得ることができると見るのです。

ただし声聞等の得る一切智は、その総相《そうそう》のみで別相《べっそう》を知らないので不完全です。すなわち声聞は一切法の別相である、一切衆生の生処や好醜、事業・多少等を知ることができない、さらに過去と未来をも知らないなどとなし、仏のみは一切諸法の総相・別相を知るがゆえに、仏の智慧を一切種智（サルヴァーカーラジュニャター）であると称すると説いています。

これにたいして菩薩の修する道種智（マールガーカーラジュニャター）は、六波羅蜜・三十七道品《どうぼん》・十力《じゅうりき》・四無所畏《むしょい》などの道（マールガ）を分別思惟し、行じて得るので「道智」というと説かれています。道智というのも道種智というのも意味は同じです。道種智の「種」（アーカーラ）は「形相《ぎょうそう》」とも訳し、心理が外に現われる相をいいますので、修行道の種類をも意味すると見てよいと思います。

ともかく菩薩は、六波羅蜜をはじめ、成仏のためのあらゆる修行道を行じて、一切智（サルヴァジュニャター）を得んとするのです。ゆえに菩薩の得る一切智は、一切法の総相別相を知るすぐれた一切智であり、この一切智によって、仏のそなえる一切種智を得るのであると説いています。

以上のごとく『大品般若経』には一切智・道種智・一切種智の三智が説かれていまして、『大智度論』にこれらの三智について、上述のごとき説明が見られるのです。そして『智度論』には「一心の中に、一切智・一切種智を得て、一切煩悩の習を断ず」とも言っております。菩薩は道種智を修して一切智を得ますから、一切智の中には道種智が含まれています。それゆえ、一心中に一切智・一切種智を得るとするならば、これに道種智を加えて三智を一心中に得ると言うこともできるわけです。

三智と空仮中

しかしここに般若経の三智を挙げましたのは、天台大師が『大智度論』の「三智一心中得」の文によって、これらの三智が『中論』の空仮中《くうげちゅう》の三諦に応ずると見ておられることを注意したいと思ったからです。『摩訶止観《まかしかん》』第三上には、「仏智、空を照らすこと二乗の見る所のごとくなるを、一切智と名づく。仏智、仮を照らすこと、菩薩の見る所のごとくなるを、道種智と名づく。仏智、空仮中を照らし、皆な実相を見るを、一切種智と名づく。ゆえに三智を一心中に見るを得るなり」と述べています。

天台大師が、空を照らすのを一切智、仮を照らすのを道種智、中道実相を照らすのを一切種智に当てられたのは理由のあることと思います。一切法の本性は空でありますから、諸法の本性が空であることを悟れば、一切法を悟ったと言い得るわけです。ゆえに空智は一切智です。

次に道種智は差別《しゃべつ》を知る智慧です。菩薩は他を教化するためには、世間の全般の事象に通じなければなりませんから、空智に立脚しつつも、世間の個々の現象を学びますから、これは「仮名」を知ることです。空に即する仮名を知ることが道種智です。

さらに一切智と道種智とをあわせて、一切種智によって煩悩を断じて諸法実相を悟るのが中道智であります。中道智には空智と仮智とが綜合されています。

以上のごとくでありますから、一切智は空性を悟り、道種智は仮名を悟り、一切種智は中道実相を悟ると解釈して、天台大師は般若経の三智を、『中論』の三諦に結びつけたのですが、この説は、極めて巧みな説であると思います。

三諦円融と一実諦

さらに空仮中を、空諦・仮諦・中道諦として「三諦《さんたい》」に組織したのも天台大師であったと考えます。すでに『菩薩瓔珞本業経《ぼさつようらくほんごうきょう》』や『仁王般若経《にんのうはんにゃぎょう》』などに三諦の語がありますが、ただ言葉があるだけで、その思想的裏付けが見当たりません。そしてまた『中論』に、空性・仮名・中道の三名がありますが、しかしこれがただちに三諦になるわけではありません。

天台はこの中道を解釈するのに「断常中道」と「仏性中道」との二つの中道を区別しています。断常中道は有無中道と同じく、二辺を離れる中道であります。この場合には、二辺はあるのですが、中道は立場がないのです。例えば百の中《ちゅう》は五十でありますが、しかし「五十」を立場として、そこに腰をすえてしまいますと、それも一辺になってしまい、中は「二十五」に移ってしまいます。このように「離二辺中道」は、二辺があるから、それを批判する中道があるのです。批判すべき二つの「極端な主張」（二辺）が消えてしまえば、中道の存在意義もなくなるのでして、この中道は立場のない中道です。三論《さんろん》宗《しゅう》の「破邪顕正《はじゃけんしょう》」の中道はこの中道です。破すべき邪があるから正を顕わす中道があるのでして、邪が熄《や》めば顕正の中道も熄むわけです。ゆえにこの中道では「中道諦」を独立に立てることはできません。二辺がなくなっても、なおかつ真理が残らなければそれを第三の中道諦として立てることはできないわけです。

これにたいして天台大師は、中道に「離断常中道」と「仏性中道」とを立てています。天台の説く「四教」のうち蔵教や通教では断常や有無を離れる中道を説くのみですが、別教になりますと如来蔵《にょらいぞう》思想を説きますので、仏性を認めています。仏性は一切衆生に内在しているものでして、これを実現することが仏教の修行の目的です。この真理の実現を中道として立てますので、中道を空性や仮名と異なる第三の真理として立てることができるのです。ここに空諦・仮諦・中道諦の三諦を立てうる根拠があると思います。

しかし天台は別教とともに円教を説きますし、円教の教理の特色として「三諦円融《えんゆう》」を説いていますから、仏性もこの立場から理解されています。この三諦円融は『大智度論』の「三智一心中得」の文に根拠を持つと思われます。

上述のごとく『大品般若経』や『大智度論』では、一切智と一切種智とが一心中に得られると説いているのですが、『摩訶止観』第三上には、「一切智・道種智・一切種智の三智が一心中に得られる」と『大智度論』の文章を変えて理解しています。すなわち三智が一心中に得られるならば、この三智は三智として区別されつつ、しかも一心中にありますから、三智は一切種智の一智であるわけです。そしてこの一智でもって一実諦《いちじつたい》を悟ると見ています。

しかし一実諦は三智の相を持っているべきですから、一切智として現われては空諦を悟り、道種智として現われては仮諦を悟り、一切種智として現われては仏性中道を照らしているのです。しかし三智は同時に一智ですから、空諦を悟りつつも、その中には仮諦と中道諦とを含んでいるわけですし、仮諦を悟っても、同時に空諦と中道諦をも見ているわけです。同様に中道諦を見てもその中に空諦と仮諦とが含まれているわけでして、ここにいわゆる「三諦円融」の教理が説かれ得るのです。そしてその根拠は、『大智度論』の「三智一心中得」の文にあると考えることができますが、同時に天台が習禅の修行中に、「一実諦」を悟ったこととと、密接な関係があるわけです。

『摩訶止観』第三下には「円教にはただ一実諦を明かす」といいまして、一実諦を重視しています。そして「実には是れ一諦なれども、方便して三と説くなり」ともいっています。したがって空仮中の三諦は一実諦に帰着されるのです。一実諦は「実相」であるとも説いておりますが、『法華玄義《ほっけげんぎ》』第八下には「一実諦は常楽我浄《じょうらくがじょう》に名づく」とも説いておりますので「中道仏性」を一実諦と理解していると考えてよいと思います。

仏性と般若の智慧

しかし一実諦を仏性と見るにしても、仏性はわれわれに自明なごとくでありますが、しかし実際には煩悩に汚されているわれわれの心の中に、仏性が明らかになっているはずはありません。大乗の『涅槃経《ねはんぎょう》』巻三二には「十住《じゅうじゅう》菩薩は八聖道を修して、少しく仏性を見る。いわんや修せざる者、しかも見るを得んや」と説いております。

十住位に至った菩薩でも少しく仏性を見るにすぎないと言われるのです。しかし自己に仏性のあることを信ずる者は、般若の智慧によって何ほどか仏性を見ることができると思います。同じく『涅槃経』に「大信心とはすなわちこれ仏性なり」とも説かれていますから、真実の信心の活動にも仏性を認めることができるわけです。

すなわち「仏性」という固定的なものがあるのではなく、われわれの主体的な般若の活動が、すなわち仏性にほかならないと言うべきでありましょう。ただその般若の活動は、空性を本性としているべきであり、その般若の活動は対象に執著しないから、般若は存在的には「仮名」であるのです。空を本性とする般若の智慧が現象界に現われて、般若として認識されるとき、その在り方は「仮名」の在り方で認識されるのです。しかも般若は成仏に向かって活動する智慧でありますから、つねに真理を実現するために努力し、中道を実践しているということができます。ここに仏性が即空・即仮・即中の三諦円融の在り方にあり、天台がこれを「一実諦」と呼んだと理解してよいと思います。

ともかくわれわれは無我智である般若を、自己の心中に自得することが肝要であります。自我の執著がある限り、苦からの解脱は得られないからです。

第二章　釈尊と仏陀

一　三宝の成立

仏宝・法宝・僧宝

仏教は仏宝《ぶっぽう》・法宝《ほうぼう》・僧宝《そうぼう》の三宝《さんぼう》（トリラトナ、ラトナトラヤ）から成立しています。第一の仏宝（ブッダ・ラトナ）とは教祖釈尊のことであります。釈尊がこの世に現われて、悟りを開かれて、仏陀（ブッダ、覚《さと》った人）となられたから、仏教が興ったのです。次に仏陀が覚ったものを「法」といいますが、同時にこの覚りを「教え」として説かれたものをも「法」といいます。これは「教法」ともいいます。

釈尊が法を悟って仏陀となられた時に、仏宝と法宝（ダルマ・ラトナ）とが成立したのですが、しかしその法を、教えとして世間に説示しなければ、「仏教」とはならないわけです。したがって釈尊が法を悟られたことも重要ですが、同時にこの法を世間に広められたことも重要でして、法宝という場合には、この二つの法を含むわけです。

つぎに僧宝（サンガ・ラトナ）とは仏弟子の教団をいいますが、とくに出家の弟子の教団をいいます。すなわち比丘僧伽《びくそうぎゃ》、比丘尼《びくに》僧伽の二つの僧伽を「僧宝」といいます。在家信者は優婆塞《うばそく》（男性信者）と優婆夷《うばい》（女性信者）ですが、優婆塞僧伽、優婆夷僧伽という呼称はないのです。

ともかく僧伽は釈尊の教えの実行者であり、次の時代へ教えを伝達する人びとであります。すなわち釈尊の悟りがいかに優れたものであっても、その教えを受けて実践し、教えの真理であることを社会に示す弟子の教団がなければ、釈尊の教えも社会的意味を持たないわけですし、次の時代に教えを伝えることもできないわけです。インドに仏教が滅びたのも、その信奉者・実践者がなくなったからです。その意味からも、仏教を構成する最も重要なものは、仏弟子の教団であるということもできます。

もっとも弟子の教団といいましても、大乗仏教がインドに興ってからは、大乗教徒によって「菩薩《ぼさつ》の教団」（菩薩ガナ）ができました。この菩薩ガナの組織は、原始仏教以来の伝統的な比丘僧伽とはかなり違いがあります。大乗仏教では在家・出家をはっきり区別しない教団になったと思います。しかし大乗仏教にも出家菩薩はありました。そして厳しい修行をしておりました。しかし制度としては、大乗の教団は比丘僧伽の組織とかなり違っていました。さらにこれが中国に伝えられて中国仏教となり、あるいは朝鮮仏教、日本仏教となってさらに形を変えてきました。

しかし仏陀に帰依し、法を実践し、教法を次の世代に伝えていくという教団の基本的性格は、原始仏教以来維持されてきました。それによって仏教はアジアにひろく広まり、さらにアメリカやヨーロッパにも広まりつつあるのです。

僧宝をめぐる問題

三宝を「宝」（ラタナ、ラトナ）といいますのは、これが尊いもの、貴重なるものであるからです。しかし仏宝と法宝が尊いものであり、貴重なものであることに問題はありませんが、僧宝には問題があります。すなわち僧伽には、覚りを開いた聖者の集まりである「聖者僧」（アリヤ・サンガ）と、凡夫《ぼんぷ》僧とがあるからです。聖者僧が僧宝に含まれることは問題ありませんが、凡夫僧も僧宝の中に含まれるかどうかという問題があります。『スッタニパータ』の中に「宝経」（ラタナ・スッタ）がありまして、三宝を種々に讃嘆《さんだん》していますが、その中の僧宝の部分を示すと次のごとくです。

善人に賞讃される八輩《はっぱい》の人、（すなわち）これらの四双《しそう》は、善逝《ぜんぜい》の声聞《しょうもん》（弟子）であり、布施を受ける資格のある人々である。彼らに布施した人には大きな果報がある。これすなわちすぐれた僧宝である。この真理によって吉祥あれ。

と述べています。この経では僧宝について、なお多くの徳を述べていますが、ともかくここに「四双八輩《しそうはっぱい》」の僧宝が示されています。四双八輩とは、預流向《よるこう》・預流果《よるか》・一来向《いちらい》・一来果・不還向《ふげん》・不還果・阿羅漢向《あらかん》・阿羅漢果の八種類の聖者を指すのです。この八類の聖者は、四つの向と四つの果とから成立していますので、四双八輩と呼ぶのです。

これで見ると、僧宝に含めるのは四双八輩の聖者僧だけで、凡夫僧は含まれないという解釈も成立します。一般に、仏法僧の三宝に帰依するという時の僧宝には、凡夫の比丘・比丘尼は含めない解釈が多いのです（拙著『原始仏教の研究――教団組織の原型』四五頁参照）。

このように帰依の対象としての僧宝には、四双八輩の聖者僧のみを含めるのですが、しかし現実には凡夫の比丘・比丘尼に対しても、信者たちは深い尊敬を捧げています。とくに南方仏教のスリランカやミャンマー、タイ等の諸国の上座部《じょうざぶ》の仏教では、現実に存在している比丘の僧伽を、僧宝として尊敬し、五体投地の礼拝をしています。なお比丘尼僧伽は現在の南方仏教には存在していません。

ところで現在の日本仏教でも、三宝帰依を行ないますが、そのとき帰依する僧宝は何かを、はっきりする必要があろうかと思います。とくに大乗仏教で何を僧伽として立てるのか、あるいは南方上座部のように、戒律を厳守する出家の比丘僧伽が存在しないとき、僧伽とは何をいうかということをはっきりしませんと、「帰依僧」と言っても、帰依の内容が空虚になる恐れがあります。

以下に仏・法・僧の三宝の内容について具体的に考察したいと思います。

二　三帰依の種類

二帰依から三帰依へ

釈尊がブッダガヤーの菩提樹下で法を悟って、仏陀となられた時に、仏宝と法宝とが成立したのですが、しかしそのときは、まだ仏陀の弟子がありませんから、僧宝の成立はその後になるわけです。諸律の仏伝によりますと、仏陀が正覚を成じて間もない頃、釈尊は菩提樹の下に坐しておられましたが、たまたまその付近を通りかかったタプッサとバッリッカという二人の商人が、樹下に坐する釈尊を見て、麦菓子と蜜丸とを供養して、「世尊に帰依《きえ》したてまつる。法に帰依したてまつる」と唱えて信者になったと伝えられています。この二人は、仏と法とに帰依して優婆塞《うばそく》になったので、「二帰依の優婆塞」と言われています。これは、この時まだ僧伽《そうぎゃ》が成立していないことを示しているのであります。

その後、釈尊がベナレスの鹿野苑《ろくやおん》に行かれて、かつて苦行をともにした五人の比丘に説法をされて、彼らを弟子にされました。この時、釈尊を加えて六人の阿羅漢《あらかん》があったと伝えられています。しかし仏伝には、この時はじめて僧伽が成立したとは説いていません。

五比丘の次にベナレスの長者の子耶舎《やしゃ》が、仏の教えを聞いて、法を悟り、遠塵離垢《おんじんりく》の法眼《ほうげん》を得ました。その時、耶舎の父親が耶舎を探して鹿野苑に来て、仏より教えを聞いて、法を悟って、仏弟子となりました。この時、耶舎の父は、世尊と法と比丘僧伽とに帰依して優婆塞となったといいます。そして律蔵《りつぞう》は「彼（耶舎の父）は世間においてはじめて三帰依を唱えた優婆塞であった」と記しています。

したがって律蔵の編者は、五比丘が仏弟子となり、具足戒《ぐそくかい》を受けたことで、比丘僧伽が成立したと認めているのです。しかも五比丘は煩悩を断じて阿羅漢になったと言っていますから、彼らの僧伽は、凡夫僧ではなく聖者僧であったわけです。したがって「三帰依の対象となる僧伽は聖者僧に限る」と主張している人々にとっても、この時の僧伽は、帰依の対象として十分資格があったのであります。

仏陀の教団ができた最初には、信者になる儀式は一定していなかったようです。『スッタニパータ』をはじめ古い経典を見ますと、仏陀だけに帰依して信者となる形式もありますが、多くの場合、「私は世尊に帰依します。法と比丘僧伽とに帰依します。今日より以後、寿命の尽くるまで帰依せる優婆塞として受持したまえ」という形になっています。しかしこれが間もなく、三帰依を三度唱えさせて優婆塞とする形に整備されたのです。すなわち、

私は仏に帰依したてまつる（ブッダン・サラナン・ガッチャーミ）。

私は法に帰依したてまつる（ダンマン・サラナン・ガッチャーミ）。

私は僧に帰依したてまつる（サンガン・サラナン・ガッチャーミ）。

二たび仏に帰依したてまつる（ドゥティヤム・ピ・ブッダン・サラナン・ガッチャーミ）。

二たび法に帰依したてまつる（ドゥティヤム・ピ・ダンマン・サラナン・ガッチャーミ）。

二たび僧に帰依したてまつる（ドゥティヤム・ピ・サンガン・サラナン・ガッチャーミ）。

三たび仏に帰依したてまつる（タティヤム・ピ・ブッダン・サラナン・ガッチャーミ）。

三たび法に帰依したてまつる（タティヤム・ピ・ダンマン・サラナン・ガッチャーミ）。

三たび僧に帰依したてまつる（タティヤム・ピ・サンガン・サラナン・ガッチャーミ）。


この三帰依を三度唱えさせる形式は、律蔵の仏伝では、仏陀が比丘たちに出家の弟子を度することを許されたとき、この三帰依を三度唱えさせる作法を採用されたとしています。しかしその後、十人の比丘僧伽で具足戒を与える儀式に替えられたので、三帰依をもって

具足戒を授ける作法は廃止されたといいます。したがってその頃、三帰依を三度唱える形式が、優婆塞になる儀式として採用されたものと見てよいと思います。ゆえに原始仏教では、かなり早い時代に、この形式が確定したと考えられます。南方上座部では現在でも、信者となる儀式にこの三帰依の式文を用いています。

五戒と三帰依

ただし信者の戒に五戒がありまして、三帰依をした後で五戒を受けることもあります。そこで、三帰依を受ければ、優婆塞の資格が得られるのか、あるいは三帰依だけでは不足で、さらに五戒を受けてはじめて、優婆塞の戒体《かいたい》が得られるのかという問題があります。説一切有部《せついっさいうぶ》の中には、三帰依だけでは不十分で、五戒を受けなければ優婆塞の資格は得られないという主張もありますが、一般には三帰依を受ければ仏教の優婆塞であるという理解が優勢です。そして五戒を受ける場合でも、五戒の全部を受けなくても、一戒だけ受けてもよく、あるいは二戒・三戒・四戒など、自己の欲するだけの戒を受けることも許されるという主張が優勢です。さらに五戒を受ける以上に、断婬優婆塞もありまして、在家生活をなしつつ禁欲生活をなす優婆塞もありました。

優婆塞の五戒は、生物を殺すこと、物を盗むこと、不正な性関係を結ぶこと、妄語をなすこと、酒を飲むこと、以上の五種の悪行を離れることを決心し、それを三宝の前で誓うことです。悪を離れることを「自発的に誓うこと」が戒（シーラ）であります。この誓いの言葉を述べることによって、戒体《かいたい》が身にそなわるのです。そして信者の受戒の作法なども次第に整備されました。

説一切有部に伝わる三帰依

三帰依には、説一切有部や根本説一切有部などでは、上記の三帰依とは異なる文句が用いられていました。それはつぎのごとくです。

帰依仏陀両足中尊
帰依達摩《だるま》離欲中尊
帰依僧伽諸衆中尊

以上の如く三説して、これを今日より命終まで守ることを誓うのです。「帰依仏陀両足中尊」とは、仏陀は両足（人間）の中の最も尊い人でありますから、この仏陀に帰依するのです。

つぎの「帰依達摩離欲中尊」とは、「達摩」（ダルマ）は「法」でして、この法は「離欲中の尊」と言われています。「離欲」（ヴィラーガ）は欲望を離れることですが、煩悩を断じた「涅槃」を指すのであります。涅槃は法の中で最も尊いものでありますので、この涅槃に帰依します。これで明らかなように、ここで帰依する法は、釈尊が「悟られた法」（涅槃）であります。教法ではないことに注意すべきです。

つぎに帰依僧は「諸衆中の尊である仏の僧伽」に帰依します。仏の僧伽は「和合衆」といいまして、平和を実現する集団です。これはあらゆる集団の中で最も尊いものとして帰依します。

以上の三帰依文は『根本説一切有部百一羯磨《ひゃくいちこんま》』巻一に出ていますが、帰依する法を「涅槃」とすることは、『婆沙論《ばしゃろん》』や『倶舎論《くしゃろん》』、『大智度論《だいちどろん》』などにありまして、一般に北方仏教で信奉しています。

しかし天台宗などで伝える菩薩戒《ぼさつかい》の授戒《じゅかい》作法では、これが少しく変えられていまして「帰依仏両足尊、帰依法離欲尊、帰依僧衆中尊」となっています。しかし仏は両足中の尊、法は離欲中の尊、僧は諸衆中の尊でありますから、意味からすれば『百一羯磨』のほうがよいわけです。

なお道元禅師が『仏祖正伝菩薩戒作法』に説かれる「帰依仏無上尊、帰依法離塵尊、帰依僧和合尊」も同系統の言葉であります。

一体三宝ということ

しかし道元禅師は『教授戒文』の中では、阿耨多羅三藐三菩提《あのくたらさんみゃくさんぼだい》を仏宝となし、清浄離塵を法宝、和合の功徳は僧宝となすといわれ、そしてこれは一体三宝《いったいさんぼう》の意味を現わすと見ておられます。すなわち仏陀のそなえる覚《さと》りの智慧が仏宝、覚られた涅槃が法宝、仏のそなえる慈悲和合の精神が僧宝であるわけで、三宝はすべて仏のそなえる徳を現わしたものと見るのです。

この一体三宝の説は、浄影寺《じょうようじ》の慧遠《えおん》の『大乗義章《だいじょうぎしょう》』などに説かれ、中国で重視された説であります。その理由は、中国にはインドの仏在世の時代のごとき僧伽は存在しなかったからです。出家をして具足戒を受けて比丘となり、三衣一鉢《さんねいっぱつ》の清浄な梵行《ぼんぎょう》を行じ、預《よ》流《る》・一来《いちらい》・不還《ふげん》・羅漢《らかん》などの証果を得る比丘衆の集まりである僧伽は、当時の中国には存在しなかったのです。寒い中国では袈裟のみを衣とする生活や、午前中一食のみの生活は実行できなかったのです。このように清浄な比丘生活がなければ、行証としての四果の証《さと》りも期待できないわけでして、「離欲尊」としての法宝も絵にかいた餅になってしまいます。このように現実に僧宝や法宝が求められないとすれば、自らの帰依すべき三宝とは何であるかが問われるわけです。そのために仏のそなえる徳の中に三宝を見出したのではないかと思います。

一体三宝の思想は、すでに『勝鬘経《しょうまんぎょう》』などにその思想があったのですが、これが中国仏教で盛んに唱えられるようになりました。同時に別相《べっそう》三宝と住持《じゅうじ》の三宝も唱えられています。別相三宝とは、仏・法・僧を別体と見る三宝の見方で、古くからある三宝観です。住持の三宝は、仏教を維持している現実の三宝でして、塑像・木像などの仏像が仏宝、経巻が法宝、凡夫の比丘が僧宝であるという場合です。しかしこれらをそのまま帰依の対象にはなしがたいのです。

自己の帰依すべき三宝は何かを真剣に考えるところに、一体三宝の説が出てきたと思われます。これに一脈通ずる思想に、大乗仏教の三宝観があります。大乗仏教では、教理の建前上、小乗仏教の僧伽を無条件に帰依の対象とできない事情がありました。例えば『十住毘婆沙論《じゅうびばしゃろん》』巻七には「三帰依」を説明していますが、「帰依僧」を説明して「もし声聞僧を見れば、すなわち菩提心を発して、もろもろの菩薩衆を念ずる。これを帰依僧と名づける」と説きまして、帰依すべきものは「菩薩ガナ」であって、声聞僧でないことを明確にしています。

この『十住毘婆沙論』の思想を受けついでいる『宝性論《ほうしょうろん》』にも、菩薩僧宝に帰依すべきことを説いています。不退転位《ふたいてんい》に住した菩薩、すなわち七地以上の菩薩の僧伽が菩薩僧宝でありまして、これが帰依さるべき僧宝です。そして三宝の中に声聞僧宝を加えないのは、それが供養に値しないからであると言っています。

この思想を受けついでいる『大乗起信論《だいじようきしんろん》』にも、「修行信心分《しゆぎようしんじんぶん》」の中の四信の第四に僧を信ずることを説きますが、そこに「四に僧はよく正しく自利と利他とを修行すと信じて、常に楽《ねが》ってもろもろの菩薩衆に親近《しんごん》して、如実の行を求学するがゆえに」と説いておりまして、「僧を信ずる」つまり僧に帰依するとは、菩薩衆に親近して、如実の行を求学することであると説いています。この「菩薩衆」も菩薩ガナのことでありまして、菩薩僧と言うのと同じであります。

現在の三帰依文

以上、三帰依文について述べましたが、私どもが平素唱える三帰依文を見てみますと、ここに改めて挙げるまでもありませんが、それは次の通りです。

自ら仏に帰依したてまつる。まさに願わくは衆生とともに、大道を体解《たいげ》して、無上意《むじようい》を発《おこ》さん。

自ら法に帰依したてまつる。まさに願わくは衆生とともに、深く経蔵《きようぞう》に入って、智慧海のごとくならん。

自ら僧に帰依したてまつる。まさに願わくは衆生とともに、大衆を統理して、一切無《いっさいむ》礙《げ》ならん。

この三帰依文が大乗仏教の立場の帰依文であることは、「大道を体解して、無上意を発さん」などの言葉にも現われています。そして「まさに願わくは衆生とともに」とあり、「一切衆生とともに」と述べている点にも、大乗の立場が示されています。しかしこの帰依文では「法帰依」の文中に「深く経蔵に入って」とありますから、ここに帰依されている法は「教法」であると理解されます。

帰依法の法を教法と見ることは、『成実論《じょうじつろん》』巻一の三帰依にも見られます。『成実論』では「教化の所説これを名づけて法となす」とありまして、法宝の法を教法と見ています。このような例もありますが、だいたいとしては、帰依すべき法は、離欲や涅槃等の理法と見るのが優勢です。

なお上述の三帰依文は、『華厳経』巻六「浄行品《じょうぎょうぼん》」にある三帰依の偈文から採用したものです。その「浄行品」の偈文は次のごとくです。

自ら仏に帰さばまさに願うべし。衆生は大道を体解して無上意を発さんと。
自ら法に帰さばまさに願うべし。衆生は深く経蔵に入って智慧海のごとからんと。
自ら僧に帰さばまさに願うべし。衆生は大衆を統理して一切無礙ならんと。

とあります。現在日本で広く行なわれている三帰依文は、この「浄行品」の三偈を現代風にアレンジしたものと見てよいと思います。ゆえにこれは明治以後に作られたもののごとくでありますが、いつ誰が作ったのかは明らかにしません。

三　釈尊と仏陀

1　仏伝の二面性

三宝の第一は仏宝ですが、仏宝が成立したのは、釈尊が正覚を成じて仏陀になられたからです。しかし仏陀が世に現われますと、仏陀となられた釈尊の「個人的存在」と、釈尊のそなえられた仏陀という「普遍的存在」とが、不即不離の関係で二つの方向に発展しました。

すなわち釈尊が仏陀となられたために、仏陀となった釈尊の「釈尊の側面」に関心が深められ、釈尊がいかなる修行をして成仏したのか、さらに成仏以後、どのように活躍したかなどの問題が考察されました。成仏の原因としての釈尊の修行に関しては、いわゆる三《さん》阿僧祇劫《あそうぎこう》の修行が語られ、その間に生死を繰り返して功徳を積聚《しゃくじゅ》した「本生譚《ほんしょうたん》」が多数に成立しました。そして次第に修行を積んで成仏に近づいて行くことを述べる仏伝文学も説かれています。そして仏伝は降魔成道《ごうまじょうどう》において最高潮に達しています。成仏以後の釈尊については、巧みに弟子を教化した物語りや、神通《じんずう》・神変を示現《じげん》して外道《げどう》を降伏した話しなど、説法教化の物語りが語られるとともに、仏陀の偉大性を語ることによって、仏陀観や仏身論《ぶっしんろん》が発展しました。

このように個人としての釈尊の人格の偉大性が説かれるとともに、釈尊の仏陀としての存在が種々に考察され、歴史的釈尊を越えて、「仏陀の活動」の物語りが発展しました。すでに早い時代に過去七仏《かこしちぶつ》の物語りが説かれています。すなわち釈尊の悟った真理が普遍的であるならば、すでに過去にも、釈尊と同じ悟りを得て、仏陀になった人があったに相違ないと考えて、過去仏が説かれたのであります。すでに阿育王《アショーカ》の碑文に、第五番目の過去仏である拘那含牟尼仏《くなごんむにぶつ》の仏塔を修復したことが述べられていますから、過去仏が説かれたのは、仏滅後間もないころであったと思います。

釈尊は八十歳で入滅されましたので、入滅後は人天は、直接仏陀を見ることができなくなりました。しかし仏陀は入滅後も法身《ほっしん》として涅槃界にとどまっていると信じられていました。そしてこの法身の仏陀がこの世に姿を現わして、衆生を済度《さいど》すると考えられるようになり、歴史的釈尊を越えた仏陀の衆生済度が語られるようになりました。般若経や『法華経』に現われている仏陀は釈尊の人格を遥かに越えた偉大な仏陀ですが、さらに大乗経典には毘盧舎那仏《びるしゃなぶつ》や阿弥陀仏をはじめ、多数の仏陀が説かれるようになりました。

このように仏教の歴史は、法宝としての教理の発展や、僧宝としての教団史の発展としても語られていますが、同時に仏陀観の発展としても語られているのです。以下に釈尊と仏陀の二つの面から、仏宝を見ておきたいと思います。

2 誕生と出家

釈尊は紀元前四六三年ごろ（別説では前五六三年ごろ）に、インドの北方ネパール領に少し入った所のルンビニーで誕生されました。そのことは仏滅百年ごろに即位した阿育王が、この地を訪れ、ルンビニーが仏陀の誕生地であることを示す石柱を建てましたが、その石柱が現在も残っていることから明らかです。

釈尊はネパール西部に居住していたシャーキヤ族（釈迦族）の出身で、姓はゴータマ（瞿曇《くどん》）といい、出家する前の名はシッダッタ（悉達多）といいました。釈尊の父をスッドーダナ（浄飯王《じょうぼんおう》）、母をマーヤー夫人（摩耶夫人《まやぶにん》）といいまして、釈迦族の貴族の出身でした。彼は、釈迦国の王であったといいます。当時の国都はカピラヴァストゥであります。

釈尊はこの釈迦族から出られて仏陀になられたので、尊称して釈迦牟尼《しゃかむに》（シャーキヤ・

ムニ　釈迦族出身の聖者）といいます。「釈尊」とは、この「釈迦牟尼」の略称であります。釈尊の母親の摩耶夫人は、釈尊を生んで七日にしてなくなったといわれ、あとを妹のゴータミー（マハーパジャーパティー・ゴータミー　大愛道瞿曇弥《だいあいどうくどんみ》）が養母となり、釈尊を養育しました。釈尊が生まれた時、ヒマラヤ山からアシタという仙人が降りてきて、王子の相好を占い、「この嬰児の前途には二つの道しかない。家にあって王位を継げば、転輪聖王《てんりんじようおう》となり、もし出家すれば仏陀になるであろう」と予言したといいます。

釈尊は若き日には、なに不自由のない豊かな生活を送りました。そして長じてヤショーダラーと結婚し、一子ラーフラ（羅睺羅《らごら》）をもうけましたが、深く人生の矛盾に悩み、二十九歳のとき家族を捨てて出家し（十九歳出家、三十歳成道説もある）、遊行者の群れに身を投じたのであります。

釈尊は生まれつき瞑想的な性格を持っていました。まだ家にあったとき、父王に従って農耕の祭りのために野外に出ましたが、人びとから離れて、樹下に坐禅をなし、初禅《しよぜん》の境地に達したといいます。

あるいは農夫が掘り起こした土の中から虫が出てきたとき、鳥が舞いおりて来てその虫をついばんで去りました。若い釈尊はそれを見て、生物が生きるために他の生物を殺すのに、いたく心を痛めました。人びとは醜い老人を見て嫌悪を感ずるが、なんぴとも老人になることは避けられません。また病気を避けることもできません。人びとは死を恐れ、死ぬことを極度に嫌っていますが、なんぴとも死をまぬがれません。釈尊がこの生老病死の恐れに思いをめぐらしたとき、若さにあふれる身体から、一切の歓びが抜け去ったといいます。

伝説によれば、釈尊は父王の宮殿から遊観のために城外に出て、最初は老人を見、次回は病人、そのつぎは死人を見て、心楽しまず、宮殿に引き返しましたが、最後に出遊したとき行ないすました沙門の姿を見て、自らもいつかはこの沙門のごとくなろうと思い、出家の決心をかためたといいます。これが「四門出遊《しもんしゅつゆう》」の伝説であります。ともかく釈尊は青年のときに、父母の意に反して出家したのであります。釈尊は夜にまぎれて、愛馬カンタカに跨がり、御者のチャンナ（車匿《しゃのく》）を従えて出城したといいます。『大般涅槃経《だいはつねはんぎょう》』には、仏陀は善（クサラ）を求めて出家をしたと伝えています。

3　苦行と成道

悟りへの道

釈尊は出家して、髪を剃り、袈裟《けさ》衣をつけて遊行者となり、南方の新興国マガダに行きました。ここに当時の一流の宗教者が集まっていたからです。そして当時有名であったアーラーラ・カーラーマとウッダカ・ラーマプッタについて禅定《ぜんじょう》の修行をしました。釈尊は彼らの体得していた禅定に短日月で達しましたが、しかし禅定を修して心が寂静を得るだけでは、真の悟りではないと考えました。その寂静を維持する理念を欠いていれば、心の寂静が再び破れる不安があるからです。禅定は心の鍛錬の方法ですが、しかし修定主義の方法には、真理に導く思想がないために、これだけでは生死を解脱することはできないと考えて、釈尊は彼らのもとを去ったのです。

そこで釈尊は森に入って、独自に修行をはじめました。マガダのウルヴェーラーのセーナーニ村のネーランジャラー河（尼連禅河《にれんぜんが》）の付近が修行に適すると見て、ここで五人の修行者とともに苦行を修しました。ここが「苦行林」であります。その苦行の二、三を述べますと、たとえば歯をかみ合わせて、舌で上顎をおさえて、いつまでもそれをつづける。そしてその苦しさを強い意志でもって克服するのです。あるいは呼吸をとめて、精神を集中する禅を行ないます。口や鼻から出る息、入る息を遮断します。そうするとついには耳から空気が出入するといいます。最後にはそれをも止める。その苦しみに堪えて、異常な努力をもって、正念《しょうねん》を確立し、苦しみを克服して住するのです。この止息禅《しそくぜん》のために、釈尊はほとんど死に等しい状態におちいったといいます。

あるいは断食の修行もします。これは食物をすべて絶って、幾日も住する。あるいは徐々に食物をへらして、断食まで続けるのです。長い間の断食で釈尊の肢節は細くなり、皮膚はたるみ、毛髪は脱落し、はげしい苦痛をうけました。苦行は、これらの苦しみを克服し、強い意志を確立して、身体的欲求を抑えて精神の独立性を達成せんとするのです。

森の中でひとり苦行を行なって、苦しみに堪えていますと、生命への執著から種々の迷いがおこります。さらに在家の欲楽の生活への誘惑もあります。この苦行がはたして正しい修行方法であるのかという疑いもおこります。また野獣の横行する暗夜の森には恐怖があります。これらの迷いや恐怖が、悪魔（マーラ・パーピマント　悪魔《あくま》波旬《はじゅん》）の形をして、釈尊を誘惑したといいます。しかし、悪魔は七年間釈尊につきまとっていたが、一歩もつけ入るすきを見つけることができなかったといいます。

苦しみや恐怖、疑い、愛欲などを克服することは、強い意志を必要とします。したがって苦行によって強い意志が鍛練されますから、それによって心は苦痛から独立します。そしてそれだけ、心は自由を得ることができるわけです。しかし意志が強くなることと、正しい智慧がおこることとは別であります。釈尊はなんぴとも受けたことがないような激苦激痛に堪えつつ、正念に住しましたが、しかし常人を越えた聖なる智慧は生じてこなかったのであります。

そのとき、かつて若き日に父王に従って農耕の祭りに外出したとき、樹下に坐禅して初禅に達したことを思い出しました。そしてその安楽な坐禅にこそ「悟り」（ボーディ　覚）に至る秘密がかくされているのではないかと考えまして、苦行を捨てたといいます。

苦行を捨てた釈尊は、この極度に痩せた体をもってしては、初禅の楽は得がたい、と考えまして、固い食物や乳粥《にゅうしゅく》を取って、体力の回復をはかりました。このとき乳粥をささげたのは、スジャーターという、村の娘でありました。さらに釈尊は、ネーランジャラー河に入って、汚れた身体を洗い、水を飲みました。これを見て、釈尊とともに苦行をしていた五人の修行者は、「沙門ゴータマは贅沢におちいり、努力精進を捨てた」といって、彼を捨てて立ち去ったといいます。釈尊は食物と乳粥とによって体力を得ましたので、近くの森のアシュヴァッタ樹の下で坐禅をしようとしました。その時、ソッティヤという草刈りの男が、釈尊の様子を見て、乾草《ほしくさ》を供養しましたので、その乾草で坐を設け、覚《さと》りを得るまでは再びこの坐を立つまいという堅い決心のもとに、深い禅定に入りました。そしてついにこの木の下で悟りを開いて、「仏陀」の自覚を得たのであります。

降魔成道

このさとりを「正等覚《しょうとうがく》」（サンマーサンボーディ　三藐三菩提《さんみゃくさんぼだい》）といいます。仏陀（ブッダ）とは「目覚めた人」という意味です。アシュヴァッタ樹は無花果《いちじく》樹の一種でありまが、釈尊がこの樹の下で悟りを開かれたので、この樹も尊崇されて「菩提樹」（ボーディ・ルッカ）と呼ばれるようになりました。そして悟りを開かれた場所は「ブッダガヤー」（仏陀伽耶）と呼ばれました。これは古い都市であるガヤー市の南にありまして、菩提樹とその下の金剛宝座《こんごうほうざ》とを中心にして荘厳され、のちに仏塔も建てられ、仏教徒の巡礼すべき聖地の一つになりました。

釈尊が悟りを開いたのは、南方仏教ではヴァイシャーカー月（太陽暦の四月から五月にまたがっている）の満月の夜であったといいます。その夜の初夜に宿住智《しゅくじゅうち》を得、中夜に天眼《てんげん》を清め、後夜に縁起を観じて、一切知智（サッバンニュター・ニャーナ）を得られたといいます。日本では十二月八日を釈尊の成道の日としています。古い伝説では釈尊は二十九歳で出家し、三十五歳で成道し、それより四十五年衆生済度につとめ、八十歳で入滅されたといいますが、五十年教化をされたという説もあり、この説では十九歳出家、三十歳成道と見ることになります。

仏陀の成道は古くから「降魔成道《ごうまじょうどう》」といいまして、悪魔《マーラ》を降伏して悟りを得られたと見るのです。悪魔は死の神であり、また欲望の支配者であります。悟りが、死の恐怖を克服し、欲望を断じ、精神の自由を得ることであるならば、悟りにおいてこそ最もはげしい悪魔との戦いがあるわけです。これは釈尊の心中の戦いであります。私どもの心中には、われわれを邪道に誘わんとする種々の邪悪な心があります。例えば禁煙をしている人に、一本だけなら吸ってもよいだろうと「そそのかす心」があります。あるいは禁酒を守っている人に、一杯だけなら飲んでもよかろうと、飲酒を誘う心がおこります。これらは悪徳にわれわれを誘おうとする心内の「誘惑者」です。誰でも不正な金銭を貰って善くないことを知っていますが、しかし大金をもって誘惑されると、その誘惑にのってしまう人が多いです。それは心内に、拒否する心を押し切って悪を受け入れてしまう心があるからです。これは欲望の一種ですが、われわれを悪に誘惑する心です。とくに死の恐怖に直面した時、その恐怖に打ち勝って善を貫くことは、なんぴとにもほとんど不可能でしょう。

われわれの心中の誘惑者とは、渇愛《かつあい》（タンハー）、嫌悪（アラティー）、貪欲《とんよく》（ラーガ）、その他の煩悩でありますが、その根底に生存への強い執著心があります。これらが心内の誘惑者であります。しかしこれらの誘惑者は私どもの真実心を誘惑し、くらますものでありつつ、同時に自分自身と不可分のものでありますから、これらを断ずることは容易でないわけです。なお悪魔《マーラ》には、ナムチ等の別名があります。魔を降伏するとは、煩悩を断ずることでありますが、同時にこれが真実の知見の発現でもあります。それは、煩悩を断ずるものは般若の智慧のみでありまして、識にはその力がないのです。般若の智慧が力を得ることによって、煩悩は力を失うのであります。

縁起を観ずる

パーリの仏伝では、釈尊はこの夜の初夜に宿住智を得、中夜に天眼智を得、後夜に縁起を順逆に観じて一切知智を得たと述べていますが、宿住智は過去を知る智慧、天眼智は未来を知る智慧でありまして、すなわち過去と未来を洞察して、縁起の智慧によって煩悩を断じて、一切智を得たことを言うのであります。

縁起を観ずるとは、この場合は十二縁起を順逆に観じたことを言うのでありますが、十二縁起とは、無明《むみよう》・行《ぎよう》・識《しき》・名色《みようしき》・六処《ろくしよ》・触《そく》・受《じゆ》・渇愛《かつあい》・取《しゆ》・有《う》・生《しよう》・老死《ろうし》の十二支の縁起を観ずることであります。

その要点を言えば、十二縁起は「無明を縁として行あり。行を縁として識あり。云々」と言われていますが、第二支の「行」は心理的物理的な「形成力」でありますが、これが無明を縁とすることによって、無明に色づけられているのです。この場合、行が無明を縁とすることを知るとは、無明を発見することを意味しています。

無明はわれわれの意識の根底にあって、心の活動を操っているものですが、意識の根底にあるためにその実態は見出しがたいのです。そしてその無明の実態を発見したのが「無明を縁として行あり」という縁起です。もし無明を発見しなければ、行が何を縁として起こるかは分からないわけです。それが無明を発見したから、無明が行の縁であることが分かるわけです。この無明を発見するのは般若の智慧であります。しかも無明は発見されることによって滅びるものです。騙すものは、騙している限りは、騙していることが分からないものです。しかし自己が騙されていることに気がつけば、この「気がつくこと」によって、騙されていることとの実態も分かり、同時にそれ以上騙されることもなくなるわけです。われわれには自己の無明の実態が分かっていませんから、心は無明の思うままに動かされているのです。

釈尊が降伏した魔王とは、まさにこの無明であるわけです。

釈尊は十二縁起を順逆に観ずることによって、無明を断じ、般若の智慧がますます明瞭になり、心が法と合体して確固不動となったのです。これは心が煩悩の束縛から解放された状態であるので「解脱《げだつ》」（モークシャ、ヴィモッカ）と称し、また解脱した心によって悟られる最高の法である「涅槃」（ニルヴァーナ　滅）とも称せられています。解脱とは心の「自由」のことであり、涅槃とは「平和」であるとも解釈されます。ともかく釈尊は、涅槃と合体することによって、「不死」を得たのであります。

4　最初説法

仏陀は悟りを開いたあと、心は深い寂静に沈んだといわれます。七日の間、菩提樹の下で三昧《さんまい》（サマーディ　心の統一）に入って過ごし、そのあとさらに別の樹の下で、解脱の楽を味わいつつ坐しておられました（この間、タプッサ、バッリカという二人の商人が仏陀に麦菓子と蜜丸を供養して信者になったといいます）。このようにして五週間もの間、樹下を立たれなかったのです。そして自己の悟った法は深淵であって、他に説いても理解されないであろうと考え、教えを説かないことに心が傾いたといわれます。これは大事を達成したあとの心の空虚さを示すものと考えます。人生の最高の目的を達成すれば、それ以上この世に生きる意味はないことになるからです。しかし釈尊は「自利」の大事達成後の虚無の深淵から立ち直って、衆生済度の「利他」の活動に心を向け直されたのです。この間の心の動きが、樹下における五週間の寂思と、その間における「説法躊躇」ならびに、梵天の説法勧請《かんじょう》の神話によって示されています。

　釈尊は悟りを開いたあとに、そのまま涅槃に入りたいとの誘惑にかられたという話が伝えられています。ここから過去の仏陀にも、かかる際にそのまま涅槃に入ってしまった仏陀があったに相違ないと考えられて、「辟支仏《びゃくしぶつ》」（パッチェーカ・ブッダ　縁覚・独覚）という考えが起こったと解釈されています。そしてのちに「辟支仏乗」が説かれるようになりまして、声聞乗と辟支仏乗・菩薩乗の三乗が考えられるようになったのであります。

　仏陀は説法することに決心しまして、まず誰に教えを説こうかと考えて、苦行時代にともに修行した五人の修行者（五比丘）に説こうと考えました。彼らならば、自分の悟った法を理解してくれるだろうと思われたからです。その時、彼らは西の方ベナレスの鹿野苑《ろくやおん》（ミガダーヤ）にいました。そのために釈尊はそこまで出かけて行って、彼らに教えを説き、悟りを得せしめられたのです。鹿野苑は現在のサールナートでして、仏陀の初転法輪《しょてんぽうりん》の遺跡として知られ、阿育王の建てた石柱があります。その法輪を有する「獅子柱頭」は、すぐれた力強い彫刻でありまして、独立インドの紋章となっています。

釈尊の説法を「転法輪」といいます。輪とは「チャクラ」の訳語で、武器の一種です。戦車のこともチャクラといいます。これは仏陀が説法という「法の輪」を転じて「魔の軍勢を平らげる」という意味であります。仏陀はベナレスで五人の修行者にたいして、「苦《く》楽中道《らくちゅうどう》」の教えと、苦集滅道《くじゅめつどう》の四聖諦《ししょうたい》の教えとを説かれ、さらに五蘊無我《ごうんむが》の教えを説かれて、彼らに阿羅漢の悟りを得させました。

阿羅漢とは煩悩を完全に滅した人のことで、仏弟子の得る最高の悟りであります。仏陀も煩悩を滅した点では阿羅漢でありますので、その時六人の阿羅漢があったと伝えられています。しかし釈尊は阿羅漢であるとともに「一切智者」でありまして、その点で弟子は仏陀に及ばないのです。釈尊は一切智者である点で「仏陀」（覚者）と呼ばれるのです。弟子で仏陀になった人はありません。しかし釈尊も仏弟子たちも、乞食《こつじき》によって生活し、もっぱら修行に専心しましたので、比丘《びく》（ビクシュ　乞う人）と呼ばれたのでして、比丘生活をする点では、釈尊と出家の弟子とは同じであったのです。初転法輪で釈尊が説かれた「中道」の教えや、四聖諦の教えについては、次章での説明の時に言及したいと思います。

5　弟子の教化

伝道の開始

釈尊の最初の弟子が、鹿野苑で教化された五人の修行者であったことは、まちがいないと思います。仏陀はそのあとで、ベナレスで長者の子・ヤサを教化して弟子となし、さらにその父母や妻などが、在家信者（優婆塞《うばそく》、優婆夷《うばい》）になりました。さらにヤサの四人の友人や、五十人の友人たちが弟子となって出家し、彼らもすべて阿羅漢の悟りを得たといいます。

そして釈尊はこれらの弟子にたいして、「伝道をなし、人びとを救済せよ」と告げられました。「比丘らよ、遊行《ゆぎょう》せよ、衆生の愛愍《あいみん》のため、衆生の安楽のため、世間を愛するため、神々と人間との利益のため、愛情・安楽のために（遊行せよ）。二人して一道を行くことなかれ。初めも善く、中も善く、終わりも善く、道理と優雅とをそなえた法を説け」と、伝道の宣言をされたといいます。ここに、少しでも多くの人に真理を伝えようとする釈尊の慈悲が示されています。

釈尊はこのあとで、再びマガダ国にもどりました。そして当時マガダの有名な宗教者であったウルヴェーラ・カッサパを教化して、弟子としました。さらに彼の二人の弟、ならびにその弟子一千人も釈尊の弟子になったといいます。これによって、マガダにおける釈尊の名声は一時に挙がりました。釈尊は彼らを引き連れて王舎城に入りました。そしてビンビサーラ王（セーニヤ・ビンビサーラ）が釈尊に帰依して、在家の信者となり、王は竹園を布施して、僧伽の住処としました。ここに教団の根拠地ができました。マガダは当時、中インドの最強の王国でありましたから、王が仏陀の信者になり、外護者となったことは、仏教の発展に大きな助けとなりました。

さらに当時中インドに六人の有名な宗教者がおり、その一人にサンジャヤがありましたが、彼の弟子であったサーリプッタ（舎利弗《しゃりほつ》）とモッガラーナ（大目犍連《だいもつけんれん》）とが仏陀の弟子になったのもこの頃です。舎利弗は五比丘の一人アッサジ（馬勝）から「すべて法は因より起こる。如来はその因を説く、またその滅をも。大沙門はかくのごとく説く人である」という教えを聞いて、法を悟り、目連《もくれん》（大目犍連）を誘って、サンジャヤの弟子二百五十人とともに仏弟子になったといいます。

釈尊はこの二人が近づいてくるのを見て、彼らが仏陀の弟子僧伽の中で、一双の上首となるであろうと言われたといいます。その言葉のごとく、この二人はのちに釈尊を助けて、教えをひろめるのに大きな功績がありました。さらにマハーカッサパ（大迦葉《だいかしよう》）が多子塔にて仏陀を見て、弟子となったのもこのころです。彼は厳格な修行僧であり、仏の滅後に、師なきあとの僧伽をまとめ、遺法の結集《けつじゆう》に大功がありました。このようにして釈尊の教団は、伝道開始間もなく弟子も増大し、教団の基礎が固まったのです。

つぎに仏陀の在家信者について見ると、第一の信者ともいうべきスダッタ（須達多）は舎衛城《しやえじよう》の住人ですが、王舎城に商用で来ていたとき、「仏陀が現われた」という言葉を聞いて、一刻も早く仏陀にお会いしたいと考えて、まだ夜の明けないのに、寒林《かんりん》に釈尊をお訪ねして、帰依して信者になりました。彼は孤児たちに食事を与えるので「孤独な人に食事を与える人」（結孤独長者《ぎつこどくちようじや》）として有名でした。彼は仏陀に帰依した後、仏陀を舎衛城に招待しました。そして僧伽の住処として、舎衛城にジェータ林をジェータ太子から買いとり、ここに祇園精舎《ぎおんしようじや》を建てて、僧伽に布施しました。

つぎに在家女《ウパーシカー》（優婆夷）の代表者ともいうべきヴィサーカー（毘舎佉）も舎衛城に住んでいました。彼女も僧伽に多大な布施をすることで有名でした。仏陀は好んで舎衛城に止住しましたが、しかし舎衛城のパセーナディ王（波斯匿王《はしのく》）が仏陀に帰依したのは、かなりあとであります。末利夫人（マッリカー）の導きによったといわれています。

遊行の旅路

仏陀は成道してから数年後に、故郷のカピラヴァットゥ（迦毘羅衛《かびらえ》）を訪れました。そして父王や王妃と再会しました。このとき一子ラーフラを出家させました。そのときラーフラはまだ子供でしたから、沙弥《しゃみ》として出家させ、サーリプッタを師として教育させたといいます。その後、釈迦族の多くの青年が出家して弟子になりました。その中には従兄弟のデーヴァダッタ（提婆達多《だいばだった》）やアーナンダ（阿難《あなん》）、さらに異母弟のナンダ（難陀《なんだ》）などが含まれていました。釈迦族の貴族たちの理髪師をしていたウパーリ（優波離《うばり》）もその中にありました。彼は後に戒律に通じた人として、僧伽で重要な人になりました。

仏陀は成道してから入滅するまで、四十五年間、マガダ国とコーサラ国とを中心にする中インドの各地を遊行して、人びとに法を説きました。東南の王舎城から北上して、ナーランダーを過ぎ、パータリプトラ（華子城、現在のパトナ、当時は小さな村）に着きます。ここでガンジス河を渡り、北岸のヴェーサーリーに着き、リッチャヴィ族（離車）の国に入り、さらに北上して、クシナガラを過ぎて、中インドの北端に達します。ここから西に向きをかえてカピラヴァットゥに着き、それより西南に進んで舎衛城（サーヴァッティー、シュラーヴァスティー）に着きます。舎衛城から南西の方向に進めば、アーラヴィー（曠野国）を通り、さらに進んでプラヤーガでガンジス河を渡り、コーサンビー（憍賞弥）に着きます。コーサンビーはヤムナー河に沿い、南インドに通ずる交通の要衝にある商都です。ゴーシタ（瞿師羅《くしら》）等の三長者の園があり、仏陀もしばしばここに滞在しました。

コーサンビーはヴァンサ国の都城であり、ウデーナ王（優陀延）の居城でありました。王妃のサーマヴァティーが釈尊に帰依し、その勧めによって王も仏陀に帰依したといいます。コーサンビーを西に進めばマッラーに行きますが、釈尊はマッラーには行かれたことはなく、コーサンビーより東に引き返されました。東に向かってガンジス河を下ればベナレスに着きます。ベナレスよりさらに陸路を東南に進めば王舎城に達します。王舎城には竹林精舎のほかに杖林（ラッティヴァナ）や霊鷲山《りょうじゅせん》・七葉窟《しちようくつ》などがあり、比丘たちの住処となっていました。釈尊は好んで霊鷲山で比丘たちに説法をされましたが、七葉窟は第一結集を開いたところとして有名です。

釈尊の養母ゴータミーは釈迦族の青年が多く出家したあとで、自らも出家を望み、釈迦族の子女たちとともに、仏陀のもとに行って出家を願いましたが、なかなか許されませんでした。再三願った末、アーナンダの取りなしによって、かろうじて許されました。これによって女性の出家者、すなわち比丘尼《びくに》（ビックニー）の僧伽ができました。しかし、禁欲生活を守って修行しなければならない比丘僧伽と比丘尼僧伽との関係をおもんぱかって、釈尊は両者の交際にきびしい制限をもうけ、比丘尼は終生「八重法《はちじゆうほう》」を守るべきことを課したと伝えられています。しかし仏陀は卓越した教師でありましたから、すぐれた比丘尼を多数に養成しました。たとえばケーマー比丘尼やダンマディンナー比丘尼は智慧がすぐれ、男性に向かってしばしば説法をしています。ウッパラヴァンナー(蓮華色《しき》)比丘尼は神通にすぐれ、キサーゴータミーは悟りの深さにおいてすぐれていたといいます。そのほかにも名の知れた比丘尼が多く伝えられています。

在家信者ではチッタ居士は法の理解においてすぐれ、ヴェーサーリーのウッガ(郁伽《いくが》)居士や釈迦族のマハーナーマは布施において有名でした。そのほか盗賊のアングリマーラ(指鬘外道《しまんげどう》)も仏陀に教化されて、弟子になりました。一偈も暗記することのできなかったというチュッラパンタカ(朱利槃特《しゆりはんどく》)も仏陀の導きによって深い悟りに達したといいます。

そのほか説法にすぐれたプンナ(富楼那《ふるな》)、法の解釈にすぐれたマハーカッチャーナ(大迦旃延《だいかせんねん》)やマハーコッティタ(摩訶拘絺羅《まかくちら》)など、名の知れた弟子が多くあります。マハーカッチャーナは中インドの南方アヴァンティ国に教法をひろめたといいますし、プンナはさらにその南方のインド西海岸のスナーパランタまでも教えをひろめたといいます。また『スッタニパータ』の古い詩句「彼岸道品」には南インドのデッカン地方に住んでいたバーヴァリンというバラモンの弟子十六人が、はるばる中インドに来て、釈尊に聞法したことを伝えています。この十六人のバラモンの青年の中にアジタとメッテーヤとがいましたが、後世にこの二人が一緒にされて、弥勒菩薩に比定せられるようになります。

6　仏陀の入滅

その晩年

釈尊の伝道活動は中インドにおいて順調に発展しました。当時中インドには多くの宗教家が活動していましたが、後世に教団の名が残るものは、仏教のほかにはジャイナ教とアージーヴィカ（邪命外道《じゃみょうげどう》）などがあるだけです。アージーヴィカの教団には、アショーカ王およびその孫の十車王がバラーバル丘に窟院を布施していますが、その後衰えました。

仏陀の晩年には、デーヴァダッタ（提婆《だいば》）が僧伽の分裂をはかっています。マガダのビンビサーラ王の子アジャータサットゥ（阿闍世《あじゃせ》王）が父王を殺して王位につきましたが、デーヴァダッタはこのアジャータサットゥの帰依をうけ、名声が高まったので、彼は僧伽を統理しようとの野望をおこしたのです。しかし彼の申し出は釈尊によって厳しく拒否されましたので、仏陀を亡きものにせんとして、酔象をけしかけたり、あるいは山頂より石を投げて仏陀の足を傷つけ、仏身より血を出したといいます。さらに禁欲的な規則である「五事」を主張して、新参比丘たちの心をつかんだりしました。そして彼らを引きつれて教団の独立を計ったりしましたが、しかし舎利弗と目連のはたらきによってくわだては失敗しました。そのためにデーヴァダッタは徒衆四人と計って僧伽の分裂を行なったと伝えられています。彼の徒衆としては、コーカーリカやカタモーラカティッサなどが有名です。

コーサラ国ではパセーナディ王が死に、その子ヴィドゥーダバ（毘瑠璃王）が王位につきましたが、彼はかつて釈迦族のために辱しめを受けていたので、王位につくと、その恨みをはらすために釈迦族を滅ぼしてしまったということです。これも釈尊の晩年のことです。しかしコーサラも、その後アジャータサットゥに滅ぼされたといいます。さらにアジャータサットゥはガンジス河の北のヴァッジー族をも征服せんとしていました。そのころ釈尊は王舎城を出発して、最後の遊行の旅に上りました。釈尊は弟子たちとともにガンジス河を渡ってヴェーサーリーに入り、ここで遊女アンバパーリーを教化し、その園を布施されました。その後、孤独に雨季を過ごしているとき、釈尊は激しい病苦におちいりました。伝説によれば、そのとき悪魔が現われて、釈尊に入滅することを勧めたといいます。そこで釈尊は、三月あとに入滅するであろうとの予言をしたといいます。

涅槃に入る

それから仏陀は雨季が終わるとヴェーサーリーに別れをつげ、さらに旅を続け、多くの村や町を経て、パーヴァーに着きました。ここで鍛冶工チュンダの施食《せじき》を受けて重い病気にかかりました。そして出血と下痢に苦しみました。このとき仏陀が食べたものは、「スーカラ・マッダヴァ」であったといいますが、これはやわらかい豚の肉であるといわれ、あるいは一種の茸《きのこ》（栴檀茸《せんだんに》）であったともいわれています。しかしその後も釈尊は病いに苦しみつつも遊行を続けられ、クシナガラ（クシナーラー、クシナガリー　拘尸那城）に達しました。そしてサーラの樹の下で、ついに般涅槃《はつねはん》（パリニッバーナ）に入られたのです。

『大般涅槃経』によりますと、仏陀は入滅にさいして、種々の遺言をされたようです。例えば師が亡きあとの教団の将来について、「僧伽は私に何を期待するのか。私は内外の区別なく法を説いた。如来の教法には、弟子にかくすような師の握拳《あくけん》はない」と説かれ、仏陀といえども比丘僧伽の支配者でないことを明らかにしています。僧伽は共同体であり、そこには特定の支配者はないのです。仏滅後の僧伽は、大迦葉・阿難・商那和修などの伝法相承が語られていますが、しかし彼らは教法伝受の系譜を示すのみでして、僧伽の統率者を示すものではありません。さらに仏陀は、「自らを灯明（島）とし、自らを帰依処となせ。法を灯明（島）とし、法を帰依処となせ」とも遺言されました。

さらに自分の死んだ後は、出家の弟子は仏陀の遺身（シャリーラ　舎利《しゃり》）に心を労してはならない、出家の弟子たちは「最高善」（サッダァッタ）のために努力せよとも遺言されたといいます。さらに仏陀の亡きあとに「教主の言は終わった、われわれの教主はないと思ってはならない。われによって説かれた教法（ダンマ　法）と戒律（ヴィナヤ）とが、われ亡き後の汝らの師である」とも遺言されたといいます。

そして最後に人びとに向かって「何か質問することはないか」と三度繰り返して問われ、人びとがすべて沈黙していましたので「諸行はほろびる法である。不放逸に精進せよ」と説かれ、ついで深い禅定に入られて、それより涅槃に入られたといいます。

仏陀の死後、遺骸はクシナガラのマッラー人たちがもらい受け、香や花、音楽（伎楽）などによって尊敬し、供養して、火葬によって葬式をしました。あとに遺骨（舎利）が残りましたが、この遺骨は中インドの八つの部族に分けられ、それぞれ舎利塔を建てて祀りました。さらに火葬に用いた瓶を得た人が、その瓶を祀って瓶塔を建て、なお残っていた灰を得た人が灰塔を建てたといいます。

一八九八年にペッペが釈迦族の故地ピプラーフワーで故塔を発見し、発掘したところ、遺骨をおさめた壺が発見されまして、その壺に古い書体の文字で、これが釈迦族によって祀られた釈尊の遺骨であることが記されていました。その舎利壺はカルカッタ博物館に保管されていますが、その中にあった遺骨はタイ国王に譲られまして、その一部分が日本仏教徒にも分与されました。そしてこの仏骨は、名古屋の覚王山日泰寺《かくおうざんにったいじ》に祀られています。このようにして中インドに祀られた舎利塔（ストゥーパ）が分骨されて、各地にたくさんの塔が建てられ、仏陀を慕う人びとによって礼拝せられ、将来仏塔信仰が盛んになるもとになったのです。

四　仏陀観の発達

1　古仏の道と過去仏の信仰

過去七仏

釈尊の悟りが真実であるならば、過去においても釈尊と同じ悟りに達した人があったに相違ないという考えがおこりました。その一つの考えは「古仏の道」「古仙の道」という考えです。釈尊は古人のたどった道を発見して、その同じ道をたどって正覚に達したという意味です。たとえば、山の中を歩いていた人が、古人のたどった古道を発見して、その道をたどっていったら美しい古都を発見しました。その古都には美しい園林や蓮池があり、美しい宮殿があったのです。その人がその都に住していると、多くの人が集まってきて、豊楽安穏に、人民熾盛《しじょう》であったというのです。

それと同じように釈尊も過去の古仙人の道跡を発見し、これをたどって、正覚に達したのであるというのでして、この古人と同じ正覚に達するための「道跡」とは何であるかというと、それは「八聖道《はっしょうどう》」であり、さらに「十二縁起」「四聖諦《ししょうたい》」などの教えであると言っています。すなわち四諦・八聖道・十二縁起の教えを実践すれば、古人の悟ったのと同じ正覚を悟ることができるという意味であります。

この経典は「城邑」(ナガラ)と呼ばれていまして、漢訳の『雑《ぞう》阿含経』巻一二、パーリ「相応部」の「因縁相応」第六五経、漢訳『増一《ぞういつ》阿含経』巻三一などに、ほとんど同じ文章で述べられていまして、有名な経典です。『増一阿含経』では、この古人の道を「古昔諸仏所遊行処」と言っています。パーリでも「過去の正覚者のたどった古道・古径」と言っていまして、「過去の正覚者」すなわち過去の仏陀のたどった道と言っています。

このように、過去世にも釈尊と同じ悟りを得た仏陀が存在したに相違ない、という考えがおこってきまして、ここに「過去仏」の存在が考えられてきたのです。

過去仏を説く経典としては、『長《じょう》阿含経』巻一の『大本経』と、これに相当するパーリ「長部」第一四『マハーパダーナ経』が有名です。この経には「過去七仏」を説いています。七仏とは、九十一劫《こう》前に現われた毘婆尸《ヴィパッシー》仏、三十一劫前に現われた尸棄《シキー》仏、三十一劫中に現われた毘舎婆《ヴェッサブー》仏、さらにこの賢劫《けんごう》（現在の劫）中に現われた四仏、すなわち拘楼孫《カクサンダ》仏・拘那含《コーナーカマナ》仏・迦葉《カッサパ》仏・釈迦牟尼仏、以上の七仏です。ただし釈迦仏はこの経を説いておられる仏陀ですから、過去仏とは言えないわけです。しかし釈尊を加えて七仏としていますから、この経は釈尊の滅後に成立したもののごとくです。ともかく毘婆尸仏《びばしぶつ》が現われてから、現在までに九十一劫がすぎたと見ているわけです。

この七仏の時代の人間の寿命について見ますと、毘婆尸仏の時代の人間の寿命は八万歳（ただし漢訳は八万四千年）、尸棄《しき》仏の時代の人寿は七万歳、毘舎婆《びしゃば》仏時代の人寿は六万歳、拘楼孫《くるそん》仏時代の人寿は四万歳、拘那含《くなごん》仏時代の人寿は三万歳、迦葉《かしょう》仏時代の人寿は二万歳ですが、釈迦仏の時代の人寿は百歳にすぎないと言っています。『大本経』にはこのほかに、七仏のそれぞれの種姓《しゅしょう》や姓名、二人の弟子の名、侍者の弟子の名、その他について述べていますが、この世に出生する仕方や、父母の名、その他については、すべて釈尊の場合をモデルにして、同じように説いています。そしてそれが「諸仏の常道である」と説明しています。これは釈尊の出生の仕方などは、諸仏の常道にしたがっているのだという理解であります。

この過去仏の信仰が原始仏教教団でかなり早くおこったことは、アショーカ王の法勅にこのことが出てくることから推知されます。釈尊が誕生されたルンビニーの近くにニガーリー・サーガル（ニグリーヴァ）という所がありまして、そこからアショーカ王の建てた石柱が発見されました。その石柱には、王がコーナーカマナ仏の塔を二倍に増築したことが述べられています。この王の碑文に出る「コーナーカマナ仏」は、七仏の第五「拘那含仏」と同じ仏を示しているのでして、アショーカ王がこの仏の塔を修復したということは、それ以前にすでにこの仏の塔があったことを示すものです。

アショーカ王は仏滅百十六年ころに即位したと見られていますから、王が増築したコーナーカマナ仏の塔の最初の塔は、仏滅五十年にはすでに存在したと見てよいと思います。もっともアショーカ王の即位を仏滅二百十八年ころと見る説もありますが、この説によれば、前の説より百年ほど遅れるわけです。しかし最近の研究では、種々の点から見て前説のほうが確実であろうと見られています。七仏のうち、第五仏の拘那含仏の塔が仏滅五十年にあったとすれば、他の六仏の塔も当時すでに存在していたと考えられるわけです。

釈迦仏の塔は、釈迦入滅後ただちにできたと考えられます。そして釈尊の悟りは、古仏の道跡をたどって同じ悟りに達したのだという認識からすれば、毘婆尸仏等の過去仏の存在は意外に早く説かれるようになったものと考えられます。なお過去仏は『大本経』に説かれるだけでなく、『雑阿含経』や『増一阿含経』等にも説かれておりまして、とくに迦葉仏は単独でしばしば説かれています。したがって過去仏の中では、釈迦仏のすぐ前の迦葉仏が最初に説かれたと見てよいかもしれません。

過去仏と授記

しかし過去仏は七仏に終わるのではありません。パーリの仏伝には燃灯《ねんとう》如来がこの世に現われてから迦葉仏までに二十四仏が現われたと説いています。パーリ仏伝によりますと、燃灯如来がこの世に出られたときに、スメーダという婆羅門の青年がありまして、燃灯如来にお会いして、そのおごそかで世にたぐいなく美しいお姿を見て、自分もこのような立派な仏になりたいとの誓願をおこしました。そして燃灯如来より、「汝は将来釈迦牟尼仏という仏陀になるであろう」との予言を与えられたのです。この成仏の予言を「授記《じゅき》」といいます。このようにパーリの上座部では、釈迦菩薩が成仏のための修行をはじめてから二十四人の仏陀に奉仕したと説いています。しかし説一切有部ではもっとたくさんの過去仏を説いています。

説一切有部では菩薩は成仏までに三阿僧祇劫《さんあそうぎこう》と九十一劫の修行をすると説いていますが、釈迦菩薩が仏道に目覚めて、成仏の修行をはじめたのは、はるかに遠い過去でして、釈迦牟尼仏という名の仏陀にお会いして、この仏とまったく同じ仏になりたいという強い願いをおこしたからだと言っています。そしてその釈迦仏から、「われとまったく同じ仏陀になるであろう」と予言されたのです。それから一阿僧祇劫の間に七万五千の仏陀にお会いして、供養をなし、宝髻如来を供養して最初の阿僧祇劫が終わったといいます。第二の阿僧祇劫には七万六千の仏を供養し、燃灯如来に至って第二の阿僧祇劫が終わったといいます。さらに第三の阿僧祇劫には七万七千の仏を供養し、勝観如来（毘婆尸仏）に至って第三の阿僧祇劫が満じたといいます。そして毘婆尸仏から迦葉仏までの六仏を供養して、三阿僧祇劫と九十一劫を満じて、成仏の修行を完成したといいます。

このように過去仏の数は、さかのぼればいくらでもふやすことができます。そしてそのような多数の仏陀にしたがって修行した釈尊の成仏の偉大性が示されることになります。すなわちはじめは、過去世にも釈尊と同じ悟りを得た仏陀があったに相違ないという観点から過去仏が語られたのですが、のちには「授記」の考えが入ってきまして、釈尊はいつから仏教の修行をするようになったのか、釈迦菩薩の心に誰が仏教の智慧の灯をともしたのか、彼がいつから菩薩としての自覚をもって修行するようになったのかという方向に、関心も変わっていったわけです。すなわち過去仏の探求から、仏伝の制作に経典作者の関心が変わったわけです。

2　同時多仏思想の成立

過去仏の思想は、過去世に多仏の出世を認める思想ですが、しかし同時代に多仏の出世を認める思想ではありません。アビダルマ時代の考えでは、三千大千世界《さんぜんだいせんせかい》が一仏の教化の範囲であり、この三千大千世界に同時に二仏が出世することはあり得ないという立場に立っています。しかし考察が進むと、一つの三千大千世界の外部に別の三千大千世界が存在するという考えもおこってきます。しかしアビダルマ仏教や釈尊の仏伝を考察している人びとにとっては、釈迦仏の教化している三千大千世界の外部のことを考える必要はなかったのです。しかし大乗仏教がおこって、多数の菩薩の存在を認めるようになると、多数の菩薩が同時に菩薩の修行をしていることになりますから、多くの菩薩が同時に成仏することを認めざるを得なくなると思います。

ここに同時の多仏思想が起こってくると思います。ただし仏伝文学は、釈迦仏の菩薩時代の修行と、さらにその修行が満足して兜率天《とそつてん》より下生し、王宮に誕生し、ないし、成仏、転法輪を説くことなどを主としていますから、多仏思想とは関係がありません。ただ大衆《だいしゅ》部《ぶ》系の『大事』（マハー・ヴァストゥ）の冒頭の部分や、『仏本行集経《ぶつほんぎょうじっきょう》』の初品などには、釈迦菩薩が一時に多数の仏陀を供養することを説いております。そして『大事』と『仏本行集経』の説明には共通の物語りも含まれていまして、注目すべき点もありますが、しかし『大事』や『仏本行集経』は多仏思想を説くことを主目的としているのではありません。

それゆえ、同時の多仏思想は大乗経典になってから本格的に説かれるようになったと見てよいと思います。その理由は、上述のごとく、大乗経典は同時に多数の菩薩の修行を認め、不退転の菩薩や一生補処《いっしょうふしょ》の菩薩（次の世には仏になることが定まっている菩薩）が多数に存在することを認めていますので、必然的に同時に多仏の出現を認めることになったものと考えます。

そして菩薩はそれぞれ自らの仏国を建立して、仏土を浄め、六波羅蜜《ろくはらみつ》を成就し、あるいは本願を立て浄土を建立し、成仏するわけです。その場合、それぞれの菩薩が仏国土を浄めて、浄土を建立する場合、それぞれの仏が三千大千世界を教化の範囲とするか否かということは、明瞭にされていないように思います。三千大千世界には、地獄や餓鬼、畜生などが含まれると思いますので、これらの三悪道《さんあくどう》と諸仏の建立する浄土とはどう関係するかという問題が出てきます。なかには自分の建立する浄土には三悪道は存在しないと明言する経典もあります。ともかく浄土の建立の問題は、三悪道の有無とからめて論議すべき問題ではありませんので、別の観点から取り上げねばならないと思います。

3　仏伝と八相成道

八相成道とは

過去七仏を説く『大本経』の中に、将来「八相成道《はっそうじょうどう》」の思想に発展する考えがあると思いますので、それを述べておきたいと思います。

八相成道という言葉は中国仏教で作られた言葉のようです。天台大師の『四教義』巻七に「言うところの八相成道とは、一には兜率天より下る。二には託胎、三には出生、四には出家、五には降魔、六には成道、七には転法輪、八には入涅槃なり」と説いていまして、ここに「八相成道」の言葉を用いています。

『華厳経』にも十地《じゅうじ》の初歓喜地《しょかんぎじ》を明かすところで「一切諸仏は、兜率天より下り、入胎し、処胎し、初生・出家し、仏道を成ずる時、大法輪を転ずることを勧請し、大涅槃に入ることを示す」と、八相に分けて仏の一生を示しています。しかしここには「八相」という言葉はありません。『十地経論』巻三にも、この『華厳経』の経文を引用して、簡単に説明を加えていますが、とくに「八相成道」とは言っていません。もともとこの八相には「入涅槃」まで入っていますから、これは仏の一生を示しているのでして、「成道」まではないわけです。

なお天台大師の八相成道説では、降魔と成道とを分けて八相にしていますが、『華厳経』では、入胎と処胎とを区別するので「成仏道時」は一つになっています。これはどちらでもよいようですが、『大本経』の説明から見ると、入胎と処胎とを分けるほうが理にかなっているようです。

『大本経』には七仏の最初の毘婆戸仏《びばしぶつ》について、この八相を示しています。第一に毘婆戸菩薩は、「兜率天の身を捨てて、正念にて自覚し、母胎に入りぬ」と「降兜率」を示しています。

そして「これがかかる場合の法性《ほっしょう》（ダンマター）なり」と説明しています。漢訳には「諸仏の常法なり」と訳しています。すなわちいずれの仏も成仏するときには、一生補処の菩薩として兜率天に住していますが（ただし「一生補処」の語は『大本経』にはありません）、時が来ると兜率天の身体を捨てて、この土に下生し、母親の胎内に入るというのです。そしてこれが諸仏の常法であるというのです。『華厳経』でも「一切諸仏は兜率天より下り……」と説いて、「一切諸仏」と言っていますから、すべての仏が成仏するときには、兜率天から下生すると見ているわけです。

第二に『大本経』には、菩薩が母胎に入るとき、帝釈天《たいしゃくてん》の遣わした四天子が、菩薩ならびに母を守護するといいます。これが「入胎」です。

第三に菩薩が母胎にあるとき、菩薩の母は五戒を守り、男子と愛欲に耽る心が生じないと言っています。そしていかなる病いにもかからないといいます。すなわち菩薩が胎に在るとき、菩薩の母にはいかなる病いも生ぜず、安楽にして身体に疲労なく、菩薩の母は、胎に在る菩薩の一切の肢支が具足して一の根《こん》も欠けないのを見る、これがこの場合の常法であると言っています。これが「住胎」です。このように菩薩が母胎に在る間は、種々の奇瑞がありますので、菩薩の「入胎」と「住胎」とを区別しているのです。

『華厳経』でも上述のごとく、「入胎」と「処胎」とを区別していますが、『大乗起信論』には菩薩が「よく八種を現じて衆生を利益す」といいまして、菩薩の八相示現を説きますが、そこで「兜率天より退くと、入胎と、住胎と、出胎と、出家と、成道と、転法輪と、涅槃に入る」とを挙げています。同様にここでも、入胎と住胎と出胎（誕生）とを区別しています。この場合「住胎」を略さないところがインド仏教の特色であります。

次に毘婆尸菩薩の誕生に関する記述があります。第一に菩薩の誕生後七日にして菩薩の母が死して兜率天に生まれること、菩薩は十か月満ちて生まれる、菩薩の母は菩薩を立って右脇より生む、菩薩が生まれると、冷煖の二つの水流が虚空より現われて、菩薩と母とを洗う、菩薩は生まれるや直ちに立って、北に向かって七歩行き、「天上天下、唯我独尊」と唱える。これらがこの時の常法であるといいます。これが「誕生」です。

次に占相婆羅門が王子を占相し、家に在っては転輪聖王《てんりんじようおう》となり、出家すれば仏陀となると予言します。そのために父王は王子の出家をとどめるために、厭世観を生ぜしめないようにと、快楽に満ちた生活をなさしめますが、たまたま外出して遊園地に行き、老人を見、次には病人を見、次には死人を見、次には沙門を見て、王子は出家を決心し、ただちに出家をします。これが「出家」です。

次に毘婆尸菩薩は寂静処で禅定を修し、縁起を観じます。漢訳『大本経』ではここで十二因縁を観じたことを説いていますが、パーリ本では十支縁起を示しています。これによって成道したことを述べています。これが「成道」です。『大本経』には「降魔」についての記述はありません。

次に毘婆尸仏陀は自己の悟った法が難知難見であり、説法しても他に理解されないであろうと考え、説法しないことに心が傾きます。そのために大梵天が天上より下りてきまして、仏陀に説法を勧請します。そこで毘婆尸仏陀は説法をする決心をなし、王子のカンダ(鶱荼)と王の大臣の子ティッサ(提舎、漢訳では王子が提舎で、大臣の子が鶱荼となっている)に説法して、両人に悟りを得さしめます。これが「転法輪」です。二人は出家して具足戒を受けて、弟子となります。

『大本経』ではそのあとに、さらに八万四千の人びとが毘婆尸仏のもとで出家し、法を悟ったこと、さらにその六年後に波羅提木叉《はらだいもくしゃ》を誦出することを説いています。したがって『大本経』には、毘婆尸仏の「入涅槃」のことは説かれていません。ゆえに八相のうち最後の一相を欠いていますが、それはこの経の最後が、波羅提木叉の誦出をもって終わっているためであると思います。

ともかく一切諸仏が「八相成道」の形式によって、兜率天よりこの土に降生し、ついで、託胎・住胎・誕生・出家・成道・転法輪をなすという思想が、『大本経』にすでに現われているのです。

なお八相成道説には、上述の天台の『四教義』の説が有名ですが、このほかにも慈恩《じおん》大師の『法華玄賛』には、『大般若経』巻五六八に説くといって、別の「八相」を示しています。

応身の仏陀

ともかく大乗経典に説かれる八相成道の仏陀は「応身《おうじん》」の仏陀でありまして、兜率天から下生するときからすでに仏陀であります。それゆえ、灌仏会《かんぶつえ》で香水をそそいで拝む誕生仏は、形は小さいのですが、よく見ますと三十二相をすべてそなえておりまして、立派に仏陀の姿をしておられるのです。

『法華経』の「寿量品《じゅりょうぼん》」に「久遠実成《くおんじつじょう》の仏陀」と「伽耶近成《がやごんじょう》の仏陀」とを説いておりますが、この八相成道の仏陀は『法華経』の説く「伽耶近成の仏陀」に相当するのです。「伽耶」とは仏陀伽耶（ブッダガヤー）のことでして、「仏陀伽耶で最近成仏した仏陀」という意味です。もちろんこれは久遠実成の仏陀と比較して「近成」と言っているのです。すなわち釈迦族の王宮に誕生した釈迦仏は、久遠実成の仏陀を本地《ほんじ》として、そこから現われた仏陀です。

人びとは釈尊は釈迦族の王宮に生まれ、仏陀伽耶ではじめて成仏したと見ていますが、しかしかく見せしめるのは方便であって、釈迦仏は実際はすでに永遠の過去に成仏した仏陀であるというのです。しかし仏陀がいつまでもこの世におられると思うと、人びとはいつでも仏陀にお会いできると思って、仏の教えを学ぼうとしません。そのために衆生に、「仏陀には会いがたい」という思いを起こさせるために、仏は方便によって涅槃に入ったと思わせるのでして、実際は涅槃に入らないというのです。しかし衆生は煩悩によって心が顚倒《てんどう》しているために、この久遠実成の仏陀を見ることができないのであると説いています。したがって凡夫は、この久遠実成の仏陀が存在することは、ただ信によって知る以外に方法がないのです。

ともかく伽耶近成の仏陀は「応身」の仏陀であります。応身とは見る人の能力に応じて現われる仏身の意味です。仏陀が凡夫にはたらきかけるには、凡夫の能力で受けとめ得る仕方で現われる必要があるわけです。これが応身の仏陀です。しかし「応身」という言葉は、「法身《ほっしん》」や「報身《ほうじん》」と関係づけて説かれた言葉でして、無著《むじゃく》や世親《せしん》の時代に用いられるようになった言葉です。しかしその直接の意味は釈尊を指すのでありまして、釈尊という仏陀をわれわれがどう受けとめるかという問題であります。私どもの能力で理解できる釈尊が「応身の仏陀としての釈尊」です。釈尊には、そういう浅い意味の仏陀だけでなく、もっと深い意味の仏陀があるのでして、それはもっと信仰や修行体験を深めねば分からないのであります。

例えば相撲の「横綱」についても、われわれ素人は外部からその横綱の取り口を見て「横綱は強い」と思っているだけでして、その横綱がどれだけ強いか、彼の本当の力はまったく知らないのです。その横綱の本当の力を知るのは、彼と土俵上で四つに組んで勝敗を競う相手の横綱や大関であります。彼らこそがその横綱の真の力を知っています。しかも横綱の横綱たる点は、彼のそなえている相撲の力であるわけです。その力を知るのは、彼と互角に取り組むライバルの横綱や大関です。しかしそれだから素人が、彼がライバルの横綱と取り組んで、相手を負かすのを見て、その横綱の力を何ほどか理解するのを、まったく誤りであるとすることはできません。しかし同時に、素人が横綱を完全に理解していると思ったらそれは誤りでしょう。

応身の問題もこれとよく似ていると思うのでして、われわれの理解している「仏陀としての釈尊」は、「真の仏陀」とは言えないが、しかしその浅い理解であると言うことができると思います。

4　涅槃と法身の仏陀

涅槃・法身・如来

『法華経』で説く「久遠実成の仏陀」はどこにおられるかといいましても、これは「法界《ほっかい》」におられるとか、「涅槃」に住しておられるとかという以外に答えようがないわけです。仏陀には釈迦仏のほかに阿弥陀仏とか毘盧舎那《びるしゃな》仏・阿閦《あしゅく》如来・大日如来、そのほか多くの仏陀が語られていますが、もともと仏陀相互の間には区別はないのです。諸仏はこの世に出現される「時」が違い、したがって教化すべき弟子が違うわけです。しかし仏陀の悟りそのものは、諸仏の間にまったく違いはないのでして、千仏おられても、その千仏のそなえる智慧や功徳はまったく同じであります。諸仏はいずれも無上の正等覚を得られたのでして、この「無上」という点に、そこに違いのないことが示されています。したがって釈尊について語ることは、阿閦如来や阿弥陀如来・大日如来について語ることにもなるわけです。したがってそこに種々の区別を説くことは、諸仏の方便であります。

諸仏はすべて涅槃に住しておられるということができると思います。しかし涅槃は、個々の仏陀が区別されるような世界ではありません。『梵網経』によりますと、「如来の身は、輪廻の生存に導くものが断ち切られた状態で存在している」と説いています。そのために仏陀がこの世に住しておられる間は、人天もそのお姿を見ることができますが、しかし如来が身体を捨てられたあとには、人間も天人も如来を見ることはできないと説いています。仏陀の死を「般涅槃《はつねはん》」（パリニルヴァーナ　完全な涅槃）といいますように、身体を捨てられて、涅槃界に入られたわけです。

しかしこの涅槃に関して、アビダルマ仏教と大乗仏教とでは理解を異にしたようです。すなわち説一切有部は、涅槃は絶対の静止の世界であると理解したようです。ゆえに涅槃に住する仏陀に祈願をささげて呼びかけても、仏の応答は得られないと考えています。しかしアビダルマ仏教の中でも大衆部は、如来の色身《しきしん》は無辺際であり、如来の威力も無辺際であり、諸仏の寿量も無辺際であると言っていますから、涅槃に入った仏陀にも衆生済度の作用があると見ているわけです。

大乗仏教でも涅槃に入った仏陀は、いぜんとして衆生済度の活動をしておられると考えています。律蔵の『初転法輪経』によりますと、釈尊は五比丘にたいして「(如来は) 不死を証得した（アマタン・アディガタム）」と言っておられますから、原始仏教時代から、仏陀は不死を証得されたと見られているのでありますから、たとい涅槃界に入られても、その活動がなくなることはないと考えていたと思います。ただ仏陀は輪廻の生存へのつながりを断ち切られたから、涅槃に入られた仏陀は形のない在り方になったわけです。すなわち「法身《ほっしん》」（ダルマ・カーヤ）として存在しておられると理解されていたと思います。

しかし「法身」といいましても、「五分法身《ごぶんほっしん》」という場合の「法身」があります。この場合の法身は、仏陀が解脱によってそなえられた無漏《むろ》の戒蘊《うん》・定蘊・慧蘊・解脱蘊・解脱知見蘊の「無漏の五蘊」をいいます。これは、法の集まりを法身というわけです。ゆえにこれは「仏陀の法身」という場合の法身とは意味が違います。

しかし「仏の法身」という場合の法身も、悟りの智慧が中心になっていますから、実質的には五分法身と異なるものではないように思います。

ともかく仏陀は「如来」（タターガタ）として「如」（タタター　真如《しんにょ》）から現われた人でありまして、すなわち真如《しんにょ》と合体した人格であります。しかも「如来」の語は、釈尊が悟りを得られた最初から、ご自身を示すのに用いておられた言葉であります。おそらくこの語は釈尊が新しく作られた言葉であろうと思います。「如来」は仏教では重要な言葉ですが、ヴェーダやウパニシャッド等の婆羅門《ばらもん》教の文献や、ジャイナ教の経典には用いていない言葉であります。おそらく釈尊は、「如」(真如)と合体することによって、不死を証得(アディガタ)したとの確信を得られたものと考えます。如と一つになった人格が理智不二の法身であると理解してよいと思います。そして釈尊は、菩提樹下で悟りを開かれた時に、真如と一つになられたのですが、同時にその時、心は涅槃に入られたのであります。涅槃の特色は「寂静・寂滅」ということです。

大乗経典の仏陀

これが大乗経典になりますと、立場が仏の立場から菩薩の立場に変わってきています。すなわち阿含経は仏陀の説かれたものでありますから、「如来」といっても、「仏陀」といっても、それは仏陀の立場から立言されているわけです。しかし大乗経典になりますと、たとえ「仏説」といいましても、菩薩たちが感得した「仏語」であります。仏陀が自ら自己のことを語られたのではなくして、菩薩たちが禅定に入って、その禅定の中で聞いた「仏語」であるわけです。それは菩薩たちの理解を通して語られている「仏説」でありますす。そこに阿含経と大乗経典との大きな違いがあると思います。

しかしそこに語られている「内容」には、阿含経と大乗経典とに等質的なものが認められると思います。もし読者が両者に等質性を感じなかったら、大乗経典が「仏説」の権能を獲得することはできなかったでしょう。

大乗経典に説かれている仏陀は、菩薩たちによって「見られた仏陀」です。すなわち菩薩たちが禅定に入って、その定中において見た仏陀を、経典中に示しているものと考えます。

例えば『大品般若経』の「序品」には、三昧王三昧《さんまいおうざんまい》から仏陀は安詳《あんじょう》として起《た》たれ、天眼をもって世界を観視され、身を挙げて微笑し、足下の千輻相輪《せんぷくそうりん》中より六百万億の光明を放ち、さらに身体のそれぞれの部分からも六百万億の光明を放ち、あまねく三千大千国土を照らされたと説いています。さらにその他種々の奇瑞を示され、さらに師子遊戯三昧《ししゆうげざんまい》に入り、神通力をもって三千大千国土を感動せしめ、国土は六種に震動した、云々と述べています。さらに師子座上にある世尊は、三千大千国土中においてその徳は特に尊く、光明・色像・威徳は巍巍《ぎぎ》として、あまねく十方如恒河沙《ごうがしゃ》等の諸仏の国土を照らされたとも説いています。しかしここに述べられている釈尊は、この経典を聞いた菩薩が、入定中に自己に法を説いた仏陀をこのように表象しているのであると思うのであります。

大乗経典中に示されている仏陀を、『大智度論』には、法性身《ほっしょうしん》と父母生身《ぶもしょうしん》との二種類に分けています。父母生身の仏陀は、阿含経に示される仏陀とそれほど違うものではありません。そして仏陀の法性身について、法性身は「十方虚空《こくう》に満ち、無量無辺であり、色像端正にして、相好もて荘厳《しょうごん》す。無量の光明と無量の音声とあり。聴法衆もまた虚空に満つ。此の衆また法性身なり。云々」と説いています。

この法性身の仏陀は「十方虚空に満つ」とありますから、無限大の仏陀でありますが、色像端正にして、相好もて荘厳すとありますし、無量の光明と無量の音声とがあるともありますから、説法する仏陀であります。しかしこのような仏陀は十地の菩薩が見《まみ》えることができるのでして、「生死人の見得るところにあらざるなり」とも説明していますから、凡夫の肉眼で見得る仏陀ではないのです。十地の菩薩の見る仏陀とは、後世の三身説《さんじんせつ》の仏陀観に当てはめれば、第二の報身《ほうじん》の仏陀に相当するわけです。

報身の仏陀

「報身」（サンボーガ・カーヤ）とは、過去の菩薩の修行に報《むく》われて成じた仏身という意味でして、直接には菩提樹下で正覚を成じた福徳円満な釈尊を指しているのです。この正覚を成じた釈尊の悟りの世界を示して、毘盧舎那仏の世界として述べている『華厳経』も、報身仏を示しているのであります。

さらに『大無量寿経』に説く阿弥陀仏も、その前身の法蔵《ほうぞう》菩薩が四十八の本願を立てられ、五劫思惟《ごこうしゆい》、兆載永劫《ちょうさいようこう》の修行の結果、極楽浄土を修起し、その浄土の教主となられたのであるから、報身仏であると曇鸞《どんらん》大師は判定しています。

『大無量寿経』では、釈尊は阿弥陀仏の浄土の結構を説いたあとで、阿難などに無量寿仏を礼拝することをすすめます。そのすすめに応じて、阿難は衣服を整え、正身西面して無量寿仏を礼拝します。そしてかの仏国を見ることを願いました。その言葉に応じて、無量寿仏は大光明を放って、あまねく一切の諸仏の世界を照らされたのであります。

そしてこの土の金剛囲山・須弥山王《しゅみせん》・大小の諸山、一切のものはすべて仏の光明に照らされて一色となり、例えば劫水が世界に瀰漫《びまん》して、万物がその中に沈没して現われないように、阿弥陀仏の光明に一切は隠蔽され、仏の光明のみが明曜顕赫《けんかく》として、一切を照らしたのです。そして阿弥陀仏は威徳巍巍として、須弥山王のごとく一切世界の上に高くそびえ、相好光明照曜せずということはなかったといいます。この阿弥陀仏の光明を、この土の一切衆生は仏の威神力によって見ることができたといいます。

阿弥陀仏はこのような「光明の仏陀」でありますが、同時に「寿命無量の仏陀」でもありまして、曇鸞大師がこの阿弥陀仏を報身の仏陀と判定されたことは理由のあることです。

大乗の菩薩

このほかにも大乗経典には多くの仏陀が説かれておりますし、菩薩につきましても、観世音菩薩や文殊菩薩、普賢菩薩など、すでに菩薩の修行を完成しながらも、なお菩薩の位にとどまって衆生済度につとめている菩薩を説いています。

とくに文殊菩薩は最も古い菩薩であります。『放鉢経』によりますと、釈尊も文殊菩薩に導かれて仏道に入ったと伝えられるほどでありまして、そのために文殊は仏道の父母であると説かれています。さらに『首楞厳三昧経《しゅりょうごんざんまいきょう》』によりますと、文殊菩薩はしばしば辟支仏となって成仏を現じ、衆生に功徳を積ませるために入涅槃を現じ、舎利を供養させたと説いています。あるいは首楞厳三昧の力をもって、八相成道を示現し、成仏を示現し、妙法輪を転じ、入涅槃を現じ、舎利を分布し、衆生に功徳を積ましめるが、しかし菩薩の法を捨てないのであり、般涅槃においてひっきょう滅せずと説いております。

すなわち文殊菩薩などの大菩薩は、成仏の行を完成しながらも、仏陀とならず、菩薩のままで衆生済度をしているというのであります。これはおそらく釈尊が実際に成仏されたために、涅槃に入ることが避けられず、八十歳にして入滅してしまわれて、現実に「無仏の時代」となっていることにかんがみて、成仏すれば入涅槃は避けられず、衆生済度の行も止んでしまうので、これを避けるためには、成仏の行が完成しても菩薩の位にとどまって、衆生済度をつづけるべきであるという考えに立っているのではないかと考えます。

これにたいして『法華経』の「伽耶近成の仏と久遠実成の仏」という考えは、釈尊は成仏されたが、しかし八十歳で涅槃に入られたのは実の涅槃ではなく、方便の涅槃であり、釈尊は久遠の寿命を持っておられ、現に霊山《りようぜん》浄土に住しておられると主張しているのでありまして、成仏しても衆生済度の活動が止むのではないと主張する考えであります。初期の大乗仏教において、以上のごとき二つの考えが提示されているように思います。

ともかく大乗仏教徒は、涅槃に入った釈尊を、アビダルマ仏教のように絶対静止の世界に入ったと見ないのであります。そこに大乗独自の活動的な仏陀観が説かれるようになったと思います。

五　浄　土

1　浄土の様相

大乗仏教においては、「浄土」は中心思想の一つです。原始仏教やアビダルマ仏教では、解脱や涅槃が修行の目的でありました。そして実際にも四諦の観法を修して、預流果《よるか》や一来果《いちらいか》、あるいは阿羅漢《あらかん》の自覚を得た人もいたのです。しかし大乗仏教になりますと、アビダルマの修行道は声聞乗《しょうもんじょう》、あるいは小乗と呼ばれて卑しめられ、その代わりに菩薩乗が主張されました。菩薩乗は仏陀になることを目標とする修行道です。そのために捨身《しゃしん》の崇高な修行道を説きますが、しかしその内容はあまりにも高遠で、現実を遊離するきらいがありました。そして菩薩は成仏するためには、三阿僧祇劫《さんあそうぎこう》の修行をなすべきであるとされましたので、「成仏」は一般の修行者にはこの世で実現できない目標になってしまったのです。

そのためにそれに代わるものとして、浄土に往生することが大乗教徒の切実な目標になったのです。すでに般若経の中に阿閦仏《あしゅくぶつ》の浄土が言及されていますし、ついで阿弥陀仏の極楽浄土が多くの大乗経典に説かれるようになりました。さらに『維摩経』にも、「直心《じきしん》は是れ菩薩の浄土なり」などと種々に菩薩の浄土を示し、最後に「もし菩薩浄土を得んと欲せば、まさにその心を浄《きよ》むべし。その心浄きにしたがってすなわち仏土浄し」と述べています。清浄な仏土に心の穢れた衆生が生まれることは、たしかに場違いなことです。国土が清浄であれば、その土の衆生の心も清浄であるべきです。そのために『大品般若経』にも「仏国土を浄め、衆生を成就する」ことが、菩薩の修行として重視されているのです。

このように「浄土」とは、本来は「仏国土を浄める」ことの意味であったと思いますが、次第に「浄められた国土、清浄な国土」の意味に重点が置かれるようになりました。そしてとくに阿弥陀仏の極楽（スカーヴァティー）が浄土の代表と見られるようになったのです。

しかし弥勒菩薩の浄土も中国仏教では、一時期盛んに信仰されました。弥勒菩薩については、「弥勒の六部経」（六種の経典）がありまして、弥勒の浄土について述べています。弥勒菩薩は「将来仏」でありますので、将来弥勒が兜率天より下生して、竜華《りゅうげ》の下で成仏し、三回大法会をなして、有縁の衆生を済度すると言われています。これを「竜華三会《さんね》」といいます。そして釈迦仏はすでに涅槃に入ってしまわれたので、再びお会いすることはできません。したがって、この竜華三会の機会をのがさないで、弥勒菩薩の化導によって成仏したいと願う人は昔から少なくありません。中国でも南北朝時代には弥勒の信仰が盛んでありましたが、日本にもこの信仰が伝えられました。奈良時代までに弥勒菩薩のすぐれた彫刻が多数作られておりますが、これは弥勒浄土の信仰が朝鮮を通って日本に伝えられたことを反映していると思います。

さらに法相宗《ほっそうしゅう》では弥勒菩薩を開祖として仰ぎますので、法相宗に弥勒浄土の願生者が多く出ております。とくに笠置寺の貞慶《じょうけい》の弥勒信仰は有名であります。貞慶は笠置山の岩壁に弥勒菩薩の巨像をきざみつけまして、弥勒の信仰を鼓吹しました。しかし中国でも日本でも、次第に阿弥陀仏の信仰が隆盛となってきまして、浄土教といえば阿弥陀信仰を指すようになったのです。

2　親鸞の浄土観

(1)　不可思議光仏と無量光明土

大乗の経典や論書の中には、浄土の教理が種々に説かれております。しかしそれらをすべて取り上げることは不可能ですし、また理解できない教理を論じてみてもあまり意味がないと思います。そのために、ここには親鸞聖人の浄土の解釈を、私の理解の範囲内で取り上げたいと思います。

光明の仏陀・光明の国土

親鸞の主著『教行信証《きょうぎょうしんしょう》』は、「教巻」「行巻」「信巻」「証巻」「真仏土巻」「化身土巻」の六巻よりなっています。そして最後の「顕浄土真仏土文類五」と「顕浄土方便化身土文類六」との二巻に、親鸞の浄土の理解が示されています。すなわち「真仏土巻」に、真仏としての「不可思議光如来《ふかしぎこうにょらい》」と真土としての「無量光明土《むりょうこうみょうど》」とが説かれ、次の「化身土巻」に、化身の仏と、化土とが説かれています。

「真仏土巻」には、真仏としての不可思議光如来と真土としての無量光明土とを示したあとに「然れば則ち大悲の誓願に酬報するが故に、真の報仏土と曰うなり」と述べています。報仏土とは、仏は「報身」の仏、土は「実報土」であるという意味であります。これは浄土は法蔵菩薩の四十八の誓願と修行とに酬報《むくい》てできたものであるから、仏は報身の仏であり、国土は実報土であるという意味です。法蔵菩薩の本願の中に、第十二「光明無量の願」と、第十三「寿命無量の願」とがありますので、この願を満足して、無量光明土の不可思議光仏となられたと見るのです。すなわち仏は不可思議な「光明の仏陀」、仏土は無量の「光明の国土」と見るのであります。

これは『無量寿経』の中に、「無量寿仏の威神光明は最尊第一なり」とありまして、阿弥陀仏の光明は諸仏の光明の及ぶあたわざるところなりと説いています。そして無量寿仏の別号として、「無量光仏・無辺光仏・無礙《むげ》光仏・無対光仏・炎王光仏・清浄光仏・歓喜光仏・智慧光仏・不断光仏・難思光仏・無称光仏・超日月光仏」の十二光仏を挙げています。阿弥陀仏の「阿弥陀」には「アミターユス」（無量の寿命）と「アミターバ」（測ることができない光明）との二つの意味があるといわれ、これより無量寿仏・無量光仏の仏名が説かれています。そして「無量光仏」の別名として、上述の「十二光仏」が言われるのです。

十二光仏の第一は「無量光仏」で、これは総名です。この仏は無量の光明を放たれるので、形のあるものはすべてこの光をこうむります。それによって「無明の闇」を破するのです。一切のものがこの光をこうむる点で、無量光仏と呼ばれるのです。

第二の無辺光仏とは、阿弥陀仏の解脱の徳から放たれる光は無辺であり、この光に照らされるものは「平等の理」をさとるというのです。この世界には、人種の区別、生まれの区別、男女の区別、そのほか無数の区別がありますが、阿弥陀仏の光明は、ものにそなわる普遍性・平等性を明らかにするというのです。第三の無礙光仏は、阿弥陀仏の光は雲のごとく盛んで、無礙なること虚空のごとしと説かれ、いかなるものにも障えられることがないので、無礙光仏といいます。

第四の無対光仏は、阿弥陀仏の光は清らかで、この光に触れると、あらゆる悪業煩悩を除く力があり、対《なら》ぶものがないので無対光仏といわれます。第五の炎王光仏は、阿弥陀仏の光の盛んなること最大一で、三悪道の闇をも打ち破ることができる。そしてその中の衆生を済度するので炎王光仏といわれます。

第六の清浄光仏とは、阿弥陀仏の道光は清浄なること他に超えており、この光に浴したものは、すべて業垢を除き解脱を得るので、清浄光仏といいます。

第七の歓喜光仏とは、阿弥陀仏の慈悲の光は、衆生の苦しみを除いて、歓喜の心を起こさしめるので、歓喜光仏と讃嘆されます。第八の智慧光仏とは、阿弥陀仏の智慧の光は一切衆生の無明の闇を破って、悟りを得させるので、智慧光仏といいます。第九に不断光仏とは、阿弥陀仏の光明は絶え間なく衆生を照らして、衆生の心に信心を起こさせます。衆生は如来の光明の威神や功徳を聞いて、心が断じないで浄土に往生しうるので、不断光仏といいます。

第十に難思光仏とは、如来の光明の広大なること、凡夫には測り知ることができないので、難思光仏といいます。これは不可思議光仏というのと同じです。諸仏は衆生が弥陀の光明に浴して浄土に往生することを讃嘆し、その功徳の偉大なるを称讃しますので、難思光仏といいます。第十一に無称光仏とは、阿弥陀仏の光明の不思議な功徳は、言葉をもって説明することができないので、無称光仏といいます。第十二に超日月光仏とは、阿弥陀仏の光明の輝きは、日月にも超えています。釈尊もそのすぐれた徳を讃嘆し、衆生に阿弥陀仏に帰依することをすすめています。

以上、阿弥陀仏の別名の十二光仏を簡単に説明しましたが、親鸞は「真仏土巻」に、この十二光仏を示しておりますので、親鸞の不可思議光仏と無量光明土の理解は、『大無量寿経』に拠っていることが知られるのです。しかし親鸞が「真仏土巻」に引く「不可思議光仏」の名は、『無量寿経』には見出されないのでありまして、親鸞はこれを『無量寿経』の異訳である『無量寿如来会《え》』から引用しています。しかし親鸞の見た『無量寿如来会』には「不可思議光」の名があったかもしれませんが、大正大蔵経本の『無量寿如来会』には、「不思議光」となっていまして、「不可思議光」ではありません。

そして次の「無量光明土」の名は、同じく『無量寿経』の異訳である『無量清浄平等覚経』巻二に見出されるものでありまして、親鸞もここを典拠として挙げています。このように親鸞が「真仏土巻」において、真仏土の意味を顕わすのに用いている「不可思議光仏」と「無量光明土」の語は、『無量寿経』の異訳に出ているのであります。

如来の光明の中で

親鸞は『教行信証』の劈頭に「夫れ真実の教を顕わさば則ち大無量寿経是れなり」と言いまして、『無量寿経』を重視しているのですが、この不可思議光仏と無量光明土とは、『無量寿経』にはないのです。しかし意味から言うならば、『無量寿経』にあります「無量光仏」「難思光仏」でもよいと思うのですが、しかし親鸞がそれを採らないで、とくに「不可思議光仏」と「無量光明土」の用語を採用したのは、親鸞の理解した「仏」と「国土」とが、これらの言葉によってこそ、最も適切に表現できると考えたからであろうと思います。

親鸞は『正信偈《しょうしんげ》』の最初に「無量寿如来に帰命し、不可思議光に南無したてまつる」

と説きまして、不可思議光仏としての阿弥陀如来に帰依を表白しています。さらにその本文中に「摂取の心光、常に照護したもう」と説き、如来の摂取の「心の光」によって、自己の心がつねに照らされ、護られていることを感じていたのであります。あるいはまた『正信偈』には、「超日月光、塵刹を照らしたまい、一切の群生、光照を蒙むる」とも説いていまして、如来の日月を超えた光が、無数の国土を照らしており、一切衆生が、この如来の光照をこうむっていると理解しています。

このように親鸞は、如来の光明の不思議なはたらきを、肌で感じていたので、如来を「不可思議光仏」と呼ぶことが、最もふさわしいと感じたものと考えます。そしてまた自己がこの如来の光明の中に光被せられていると感じていたので、国土を「無量光明土」と受けとめていたのでありましょう。浄土は無量の光明の世界であります。はてしのない光明の世界であります。親鸞は自己自身が、この不可思議光仏の不可思議な光明に照らされて、はてしのない光明に包まれ、如来の光明の中に融け入って、無量光明土と一体になっているという宗教体験を得ていたように思います。自己が光明の中に融け入って、「無になる」体験を得たと思うのであります。

ともかく「無量光明土」は、対象化できない世界であることを注意したいと思います。例えば太陽の光明にしても、光明を見ると同時に、自己がその光明の中に包まれていることとに気がつきます。「無量の光明」を「対象として」摑むことはできません。無量の光明を知るとは、自己がその光明の中に「在る」ことを知ることであります。それは、際限のない光明の世界でありますから、その光の限界を知ることはできないからであります。したがって不可思議光仏・無量光明土を本尊として立てることは、自己がその光明の中に摂取されているという体験を含んでいると思います。

この「如来の光明に包まれている」という体験は、時間と空間の限界を超えていると思います。光明につつまれることは、「いま」から光明につつまれると体験することはできません。気がついてみたら、すでに自己は如来の光明につつまれているのです。そこでは「この時から光明につつまれた」という時間的はじまりは、認識されないのです。それゆえ、自己が気がつくよりも先に光明があるわけでして、したがって自分は常に如来の光明につつまれているという体験があるわけです。そこには時間の体験がないのです。それゆえ、「無量光明土」は時間のない世界であります。阿弥陀仏のまたの名を「無量寿仏」といい、無量の寿命をもつ仏であるといわれるのも、この仏にも時間がないことを示していると思います。すなわち「仏」も「浄土」も、時間の限界を超えた世界であります。

同時に「無量光明土」は、空間的に空間の限界を超えていると思います。浄土は「無量の光明の世界」でありますから、その空間的ひろがりを推しはかることはできません。そこには、東西南北の方角をはかる手だてもありません。はてしのない光明の世界は、無限の空間的ひろがりを持っていますが、しかしそれだから、そこには方角がないのです。この点が、西方浄土が西方に位置づけられているのと違いがあります。

不可思議光仏と無量光明土とが、時間と空間の限界を超えている点を、親鸞は「真の報仏土」と理解したのであろうと思います。すでに不可思議光仏は寿命の制限のない仏ですから、その身体は人間の肉体とは異なっていますし、空間的限定がありませんから、大きさにも制限がありません。かかる仏陀はわれわれの思惟や想像を超えていますが、仏教ではかかる仏陀を「報身」の仏陀といいます。なお仏土についても同じことが言えるのです。しかし親鸞は、ここではそういう教理的側面から問題を取り上げないで、不可思議光仏・無量光明土という「視覚的理解」を媒介にして、悟りの世界を示そうとしていると思います。

諸仏等同の思想

これが、親鸞が信仰によって到達した悟りの世界であります。親鸞は『末灯鈔《まっとうしょう》』の中に、「諸仏等同と云事《いうこと》」という一段をもうけて、その中で「まことの信心の人をば諸仏とひとしとまふすなり。また補処《ふしょ》の弥勒とおなじとまふすなり」と述べています。

ここに真実の信心を得た人は、諸仏と同じであり、一生補処の弥勒と同じであると述べています。ずいぶん大胆な主張のごとくでありますが、鎌倉時代の宗教界の情勢を考えてみますと、これは特別に過激な主張ではないと思うのです。

すでに平安時代のはじめに空海は、三密相応《さんみつそうおう》の「即身成仏」を唱えていますが、新義真言宗を開いた覚鑁《かくばん》は「一密成仏」を唱えていまして、「口密《くみつ》」（例えば阿弥陀仏の真言を唱えること）一つで成仏できると説いています。覚鑁は親鸞の生まれる三十年前に寂していますから、親鸞もこの説を知っていたと思います。

さらに栄西も親鸞より三十年前に生まれていますが、栄西によって禅宗が日本に導入され、その後多くの禅者が輩出しています。そして禅宗は「即心是仏・即心即仏」を説くことで有名です。

したがって親鸞がこれらの、現生にて成仏することを説く仏教者の宗教的境地と、真宗の真実信心を得て現生正定聚《げんしょうしょうじょうじゅ》に住している人とを比較して、「真実信心を得ている人は諸仏と等しい」と考えたとしても、不思議ではないと思います。

この諸仏等同の説は、親鸞の弟子である浄信が『華厳経』に諸仏等同思想が説かれていることに関して、親鸞に質問した手紙への返事の中に説かれています。しかしこの同じ『華厳経』の経文が「浄土和讃」にも説かれています。その草稿本では「歓喜信心無礙者をば、与諸如来等ととく、大信心は仏性なり、仏性すなわち如来なり」と詠まれています。そしてこの和讃の前半が『華厳経』の経文であります。

しかしこのご和讃は清書本では「信心よろこぶその人を、如来とひとしとときたまふ、大信心は仏性なり、仏性すなはち如来なり」と文章が変えられています。すなわちさきには『華厳経』の経文そのままであったのが、ここでは平易な文章に変わっています。しかしご和讃の後半はそのままですので、したがってこの後半に、このご和讃の重点があるように思います。

しかし後半の「大信心は仏性なり、仏性すなはち如来なり」の文章は、『涅槃経』の経文から取られたものでして、この経文は『教行信証』の「信巻」に引用されています。「信巻」では「北本巻三二、南本巻三〇」として、かなり長文の経文を引用しています。その中に「……是の故に説いて一切衆生に悉く仏性有りと言うなり。大信心とは即ち是れ仏性なり。仏性とは即ち是れ如来なり。云々」と説かれています。

上述の「浄土和讃」では、信心をよろこぶ人は如来と等しいという経文を引用して、さらに大信心は仏性であり、仏性は即ち如来である、と示しているのですから、すでに『教行信証』の「信巻」にこの『涅槃経』の経文を引用したときから、「大信心を得た人は如来と等しい」という確信が、親鸞聖人にあったのだろうと思います。すなわち『華厳経』

の諸仏等同の経文も、親鸞が浄信から質問されてはじめて知ったはずはないのです。すなわち親鸞の諸仏等同思想の成立は『教行信証』の述作時にさかのぼりうると考えます。

この「信巻」における「現生正定聚の位は如来と等しい」という確信が支えとなって、次の「証巻」に説く「正定聚に住するが故に必ず滅度に至る」という「必至滅度」の体験が、親鸞に可能になったのであろうと思います。

(2) 滅度の二重性

滅度の体験

私は、親鸞の信仰には、「現生正定聚」の宗教体験だけでなく、「滅度」の体験があったと思うのです。『歎異抄』には絶対他力の信仰が説かれておりますが、これで親鸞の信仰体験が完成したのではなく、これは現生正定聚の体験を明かすものだと思います。これによって『教行信証』の「行巻」や「信巻」を述べることはできると思います。しかし『歎異抄』の思想だけでは、「証巻」や「真仏土巻」を著わすには、思想的に足りない点があると思うのです。

「証巻」の冒頭には「然るに煩悩成就の凡夫、生死罪濁の群萠、往相廻向《おうそうえこう》の心行を獲れば、即の時に大乗正定聚の数に入るなり。正定聚に住するが故に、必ず滅度に至る。必ず滅度に至るは、即ち是れ常楽なり。云々」と述べています。

ここに「往相廻向の心行を獲る」とありますが、『教行信証』は往相廻向と還相廻向《げんそうえこう》との二廻向をバックボーンとして構成されています。そして往相廻向の仏力は「証巻」の「滅度」にまで達しています。如来の往相廻向に浴すれば現生正定聚に住することができ、さらに「必ず滅度に至る」ことができますが、滅度には「無」の意味がありますから、如来の往相廻向の作用はここで終わるわけです。しかしこの滅度の無から還相廻向が現われるのであると考えます。

すなわち滅度の無から還相廻向が現われうるのは、滅度はまったくの無ではなくして、滅度は親鸞においては如来に救済されたという体験だからであると思います。さきに「真仏土巻」を考察し、不可思議光仏と無量光明土の意味を考えましたが、行者が不可思議光如来の不可思議の光明に包まれて、如来の光明に融け入ってしまう体験は、まさに「滅度の体験」であると言ってよいと思います。さらに無量光明土は対象化されない光明の世界でありますが、如来の光明に摂取されて、無量光明土と自己とが一体になり、光明の中に自己が融け入って、自己が無になってしまう体験は、滅度の体験であると言ってよいと思います。

ともかく親鸞の「如来に救われた」という体験が、「真仏土巻」と「方便化身土巻」とに顕わされていると思うのでして、この体験が「証巻」の「滅度」の内容となっていると思うのです。さきにも一言したように、往相廻向の仏力は、現生正定聚から必至滅度に及んでいるわけですが、往相廻向の力はここで終わるわけです。しかしここで廻向の力が還相廻向に転換して、還相廻向の聖者としてこの世に現われるといわれています。すなわち「証巻」には、「必ず滅度に至る」と説いたあと、滅度を種々に言いかえて、最後にこれを「一如」となし、「然れば弥陀如来は如より来生して、報・応・化、種々の身を示現したもうなり」と示しています。

往相廻向から還相廻向へ

周知のように釈尊においては、滅度は菩提樹下で正覚を成じて涅槃を証得した時と、もう一つは八十歳になられて、肉身を捨てられて般《はつ》涅槃に入られた時と、二回あります。釈尊が菩提樹下で証得された涅槃は有余依《うよえ》涅槃でありますが、ともかくそれまで正覚を得るために全力を注いでこられたのですから、これは「自利の行」であります。しかし悟りを得ることによって自利の目的を達したのですが、人生の最高の目的を達成すれば、それ以上の目的はありませんから、釈尊は目的を達することによって、それ以上努力を注ぐべき目的は失われたわけです。そこに釈尊には、正覚を得たという満足とともに、目的が失われた虚無の体験があったと思います。しかし正覚の達成という自利の修行から、衆生教化の利他の活動に、心の向きを変えることは、釈尊にとっても容易でなかったようでして、その間の釈尊の心の葛藤が「梵天勧請《ぼんてんかんじょう》」の神話的エピソードによって示されています。

ともかく親鸞においても、往相廻向から還相廻向へ、滅度における転換のエネルギーになったものは、「真仏土」の体験であったと思います。もちろん往相・還相の二廻向は如来の廻向でありますが、それを受け容れた親鸞の心中において、この二廻向の、すなわち往相から還相への転換があったと思うのです。

『歎異抄』第二章には、親鸞の言葉として、「親鸞にをきては、たゞ念仏して弥陀にたすけられまひらすべしと、よきひとのおほせをかぶりて、信ずるほかに別の子細なきなり。念仏は、まことに浄土にむまるゝたねにてやはんべるらん、また地獄におつべき業にてやはんべるらん、総じてもて存知せざるなり。たとい法然聖人にすかされまひらせて、念仏して地獄におちたりとも、さらに後悔すべからずさふらふ。云々」と述べ、「詮ずるところ愚禿の信心にをきては、かくのごとし。このうへは、念仏をとりて信じたてまつらんとも、またすてんとも、面々の御はからひなりと、云々」と説いておられます。

もちろん『歎異抄』の成立は親鸞滅後のことですが、しかし唯円《ゆいえん》が親鸞からこの言葉を聞いたのは、親鸞の帰洛後でありますが、いつごろであったか、また『教行信証』の述作とどのように前後するのか、にわかに決定することはできませんが、ともかくこの『歎異抄』に説かれる親鸞の態度からは、『教行信証』を著わして、自己の信仰を他に伝えようという積極的な態度は見出せないように思います。

親鸞は『教行信証』の「信巻」に「真の仏弟子」を釈するうちに、善導《ぜんどう》の「自信教人信、難中転更難」の語を引いていますが、この言葉のあとに、阿弥陀如来の大悲を、広く人びとに伝えて信ぜしむることは、真に報仏恩の大行であるという言葉も引用しているのです。「自ら信ずる」とともに「人を教えて信ぜしむることは、難中の難ではある」が、しかしこれは真に仏恩を報ずる大行であるから、実行されねばならないという決意が示されているると思います。すなわちここにも、『教行信証』には『歎異抄』よりも積極的な態度が示されていると思います。

以上この問題を詳しく申し上げる余裕はありませんが、ともかく『教行信証』を著わす時には、親鸞に「滅度の体験」があったと思うのでして、その一つは「真仏土巻」に説かれている上述の親鸞の宗教体験です。この親鸞の信仰体験が「証巻」の「滅度」の内容となっており、この信仰のエネルギーが、如来廻向の往相廻向と還相廻向とをつなげる「転換の力」となっていると考えるのであります。

もう一つの「滅度の体験」は、「化身土巻」に見られる親鸞の浄土の理解、すなわち三《さん》願転入《がんてんにゅう》の体験であります。

(3) 化身土巻にみられる滅度の体験

真仏土と化身土

釈尊は菩提樹下において正覚を得て、涅槃を証得されたのですが、しかし完全な涅槃（パリニルヴァーナ）に入られたのは、身体を捨てられた時であります。これを無余依《むよえ》涅槃と表現しています。同様に親鸞の信仰においても、「真仏土」の体験は親鸞が現世において得た信仰体験であったことは明らかであると思います。

「証巻」で「正定聚に住するが故に必ず滅度に至る」と言われるとき、この「住正定聚」と「必至滅度」とは、つながっていると言ってもよいわけです。しかしそれは「煩悩成就の凡夫、生死罪濁の群萌」の状態における「滅度」ですから、そこにはおのずから限界があると思います。正定聚に住しても、煩悩がなくなるわけではないからです。したがって真の滅度といえば、死後に浄土に往生して得られる滅度であるという考えが起こると思います（ただし来世の存在を信じない人には、この問題はないでしょう）。この「死後の滅度」ということは、現生における「真仏土の体験」としての滅度と矛盾するものではありません。釈尊においても、有余依涅槃と無余依涅槃とは矛盾するものではないのでして、両者はともに「涅槃」でありまして、その点では違いはありません。

同様に親鸞における「真仏土の体験」と「化身土の体験」とは、その宗教体験の質においては違いはないのです。ただ「化身土の体験」においては「三願転入」が語られていますが、「真仏土」においてはそれが説かれていない点に違いがあります。

化身土＝西方浄土

『教行信証』の「化身土巻」においては、方便化身の「仏」を「無量寿観経の説く真身観の仏」であると説き、方便化土の「仏土」を「観経の浄土、是れなり」と説いていまして、『観無量寿経』や『阿弥陀経』で説いている阿弥陀仏や浄土を、「化身」「化土」と見ているのであります。しかし私が注目したいのは、釈尊の完全な涅槃が死において肉身を捨したときに実現したように、化身や化土への往生は、行者の死期と密接につながっていることであります。「死期」という「時」を通路として往生する浄土は、「方便化土」とならざるを得ないのです。

化身の阿弥陀仏と化土としての西方浄土とは、善導が「指方立相《しほうりつそう》の浄土」と表現したように、この浄土は「西方」という空間的限定を持っています。人が死ぬときには、死期があります。そのために極楽往生には「時」が限定されてしまいます。すなわち自分が欲するときに自由に浄土に往生できるのではなく、いつくるかわからない「死ぬとき」を待たねばなりません。ゆえに真宗の篤信の信者は、自己の死を「如来さまのお迎えを待つ」と表現しています。

実に死は「後生の一大事」と言われるように、凡夫のたやすく越えられる一関ではないと思います。そのために親鸞も「平生業成《へいぜいごうじょう》」を説いたと言われています。すなわち「臨終正念」は願わしいことではありますが、しかしそれを期待するのはむずかしく、われわれは、いつ、どんな死に方をしないともわからないのです。自己の死期を予知することもむずかしく、死ぬときに激苦にさいなまれて、あられもなく取り乱した死に方をしないとも限らないのです。老齢になっても看病してくれる人がなく、死の床に打ち捨てられて、怒りの心をいだいて一生を終わる人が、案外多いものです。ともかく自分がいかなる死を迎えるかを考えると、そこに「死の不安」があります。たとい現生正定聚に住していると確信しているとしても、死の不安を打ちはらうことは容易でないと思います。

そのために、現生正定聚に住して、信仰の醍醐味を味わうことと、死を待ちうけることとは別に考える必要があると思います。すなわち自分は現生正定聚に住するものであるから、それにふさわしい立派な死を迎えねばならないなどと考える必要はないと思います。これも死ぬときは、死の業報にうちまかせて死ぬことを考えるべきであると思います。これも他力の一つの在り方であると思います。

西方浄土が「方便化身土」と呼ばれているのは、上述のごとく、往生の時が「死の時」に限定せられていること、すなわち死を「通路」としてのみ、浄土往生が可能であることと、浄土が「西方」という方角に位置づけられていることとの、時間と空間の限定がある点を言うのです。

西方浄土を「西方」に位置づけなくともよいと言うかもしれませんが、われわれの死は「娑婆《しゃば》」という空間的限定を脱し得ないのですから、娑婆で死ねば、どちらかの方角の浄土に行かざるを得ないのです。このように時間・空間の限定がありますから、その仏国土は方便化身土とならざるを得ないのです。時間・空間の中に存在するものは、すべて無常であるからです。さきの「真仏土」には、かかる限定がなかったのです。そのために「報仏土」と呼ばれているわけです。したがって、化身土は真仏土より質的に劣るということが考えられます。しかし化身土から真仏土に通ずる通路があることを知らねばなりません。「化身土」としての西方浄土と、その教主の阿弥陀仏とは、『観無量寿経』と『阿弥陀経』とに説かれていると言われています。とくに観経には、「清浄業処観《しょうじょうごっしょかん》」の観法によって、具体的に西方浄土の結構や、阿弥陀仏・観音・勢至などの仏菩薩の相好や身量・光明などが示されています。さらに『阿弥陀経』にも極楽が「苦のない世界」であることが、極楽の荘厳（ヴューハ）を示すことによって明かされています。それらによって、化身土としての極楽浄土と阿弥陀仏とが理解されます。

三願転入とは

しかし「化身土」で重要なことは、この土への往生が「三願転入」の経過をたどるという点であります。「真仏土」の場合には三願転入は説かれていません。ただちに真仏土に往生するのですから、その必要がないのです。この違いのあることは重要な意味をもっています。「化身土」はわれわれにとって「真仏土」にもおとらぬ重要な浄土です。

化身土巻の三願転入とは、第十九願の「至心発願の願」から、第二十願の「至心廻向の願」に転入し、さらに第二十願より第十八願の「至心信楽《しんぎょう》の願」に転入するということです。この点について親鸞は「化身土巻」に次のごとく言っています。

是を以って愚禿釈の鸞、論主の解義を仰ぎ、宗師の勧化《かんげ》に依りて、久しく万行諸善の仮門を出でて、永く双樹林下の往生を離る。善本徳本の真門に回入《えにゅう》して、難思往生の心を発しき。然るに今特《まこと》に方便の真門を出でて、選択《せんじゃく》の願海に転入せり。速に難思往生の心を離れて、難思議《なんしぎ》往生を遂げんと欲《おも》う。果遂《かすい》の誓い、良《まこと》に由《ゆえ》有る哉。

と。ここには「愚禿釈の鸞」と言っていますから、これは親鸞自身の思想的遍歴を述べたものと受けとれますが、同時に死に直面した人に、信仰の動揺がありうることを示して、その際の正しい道を示したものと解釈することができると思います。

もちろん『教行信証』は親鸞の死に直面した時の心の動揺を示したものではありません。また真宗の信者がすべて死に直面すれば、心の動揺を来たすというものではないでしょう。しかし『歎異抄』にも、念仏をもうしても、踊躍歓喜の心が起こらないとか、あるいは「久遠劫よりいままで流転《るでん》せる苦悩の旧里《ふるさと》はすてがたく、いまだ生れざる安養の浄土はこいしからずさうろう」などとあるごとく、念仏の行者にとっても、死に直面して「死にたくない」と思う心は熾烈であろうと思います。ゆえに現生正定聚に安住していて、死に臨んでも心の動揺しない人は問題はないわけですが、そうでない人にとっては、親鸞の示した三願転入のプロセスは貴重な指針になると思います。

ここには、親鸞がいつ第十八願の難思議往生の機に達したかというような穿鑿《せんさく》は省略したいと思います。そしてまた念仏の行者で、現生正定聚の位に安住していて、死に直面してもまったく心の動揺のない人も、ここでは問題にならないわけです。ただしかし人間は弱いものですから、自分は正しい信仰を得ていると思っていても、死に直面すれば、あれこれ思い悩むものです。そういう人が、ここで問題になっていると思うのです。

なお「化身土巻」の標挙には、第十九願の「至心発願の願」を「邪定聚《じゃじょうじゅ》の機、双樹林下往生」と出し、第二十願の「至心廻向の願」を「不定聚《ふじょうじゅ》の機、難思往生」と出していいます。このように十九願の機は「邪定聚」で、二十願の機は「不定聚」と判定されていますから、これだけを見るならば、これらの機は捨てられる側に属することになりましょう。しかし「三願転入」にあてはめて見るならば、「転入」の契機として、これらの二機も存在意義を持っているのであります。

三願転入については学者の間に詳しい研究がありますが、ここには簡単に考察しておきたいと思います。これらの三願の機は、すべて極楽往生を願う人びとでありますが、第一の十九願の機は、「諸行往生」といわれ、願文には「諸の功徳を修し」と説かれています。これは諸々の善根功徳を修して、これを廻向して、浄土往生を願う人びとであります。これは『無量寿観経』の意とされているから、観経の説とは、「定善」(禅定にはいって浄土の諸相を観想する)と、散善(上品・中品・下品のそれぞれに三善を立てる)とを意味するのであります。これは要するに諸善を修して、その功徳を廻向して、浄土に往生したいと願う立場であります。

それにたいして、第二の二十願の機は、万行を修するのをやめて、念仏の一行に徹するのですが、まだ自力の念仏にとどまっている段階です。これは『阿弥陀経』の意であるといいます。『阿弥陀経』には、一日ないし七日もっぱら念仏を修すれば浄土に往生できることが説かれているからでありましょう。

これにたいして第三の十八願の機は、自力の心をまったく捨てて如来の願力に乗託して救われる立場です。これは他力の念仏を唱える立場であり、『大無量寿経』の意であると言っています。

私の死と浄土への往生

以上の三願転入を、自己に死が近いと感ずる人の立場に立って考えますと、まず最初は、人間は本能的に死を怖れますから、まず考えることは、悪をはなれ、善を修することです。少しでも多くの善を修して、その善の力にすがって来世に浄土に往生したいと考えると思います。これが死に直面した人間のすがたであると思います。これが第十九願の立場です。しかし善根を積んだとしても、「これだけ善を行なえば浄土に往生できる」という保証はありません。したがって万善を修するだけでは、浄土往生の保証にならないから、死の不安から脱することはできません。

これにたいして唱名念仏は万善を修するよりもさらに功徳があると聞けば、作善の立場の人が、万善を修することをやめて、念仏の一行に帰することは容易にできることです。阿弥陀仏の本願から考えても、阿弥陀仏の名号を一心に唱えて、浄土往生を願うことは、阿弥陀仏を直接の対象として、祈願をなすのですから、これは直接的です。これにたいして万善を修することは阿弥陀仏の浄土だけにさし向けられたものではないですから、その善は間接的です。したがって第十九願から第二十願の立場に転換することは容易に行なわれうると思います。

このように二十願はもっぱら名号を唱えて、浄土往生を願う立場です。ここに、「もっぱら念仏を唱える」といいますが、仮りに一秒に一回念仏を唱えるとしますと、一分に六十回であり、一時間に三千六百回の唱名ができます。これを一日十時間つづければ三万六千回の念仏になります。毎日これをつづけるとすれば、非常に大きな功徳が得られると考えられます。しかしもし一日に五万回、念仏を唱える人があるとすれば、さきの一日三万六千回の念仏よりさらに功徳が大きいわけであり、それだけ往生の確率が増すわけです。しかし道綽《どうしゃく》禅師のように、毎日七万遍の念仏を唱える人があれば、浄土に往生できる確実さは、このほうが更に大きいでしょう。

このように念仏を唱えて浄土往生を願うとすると、どれだけ念仏を唱えたら往生が確実になるか、その保証が得られないのです。しかも大勢が集まって、朝から晩まで念仏をつづけると、不思議に心が勇み、法悦の境地に導かれるものです。こういう法悦の境地に浸りますと、いかにも自己の往生は決定したような確信がおこります。しかし念仏を止めると、法悦の興奮もおさまってしまいます。すわなちこういう心理の昂揚する念仏では、確実に自己の往生が決定したという確信をうることはむずかしいのです。そのために死の不安が解決されないのです。

そのために自己の浄土往生の確信をうるには、如来の側から往生を保証してもらう必要があるのでして、本願のいわれを聞いて、他力廻向の念仏を納得することが必要であることに気がつくのです。すなわち第二十願の念仏を心理主義の念仏というならば、これは論理主義の念仏であるとでもいうべきものです。これが第十八願の機です。すなわち二十願の自力の念仏から、第十八願の他力の念仏、報恩感謝の念仏への転入がなければ、浄土往生の保証は得られないのです。

しかし自力をまったく捨てて、如来の本願力に自己の一切を投げ入れて、無我になり切ることは、言うは易いが実現は容易でありません。容易ではないが、もしこれが実現すれば、それは「法に生かされた世界」でありまして、さきの真仏土への往生と別のものではないと思います。

ともかくわれわれが死に直面したときには、来世で浄土に往生できることが重要であります。それは死を通路として生まれる、未来の世界でなければなりません。それは無我になることによって、法の世界に生かされることです。これは「滅度」と言ってもよいし、「浄土」と表現してもよいと思います。同時にこれは、三願転入によって方便化身土を越えることであると表現することもできるでしょう。

親鸞が『教行信証』に「真仏土巻」と並んで「化身土巻」を加えているのは、単に十九願の機や二十願の機を否定するためであるとは考えがたいのです。もちろんかかる仕方で、自己の信仰の正しいことを解明する意味もあったでしょう。しかし同時に、死に直面した人の「来世の往生」を、親鸞の立場から示したものと解釈したいのです。人間にとって「死」は、この世に生きることに劣らず重要な意味を持っていると思います。

しかし私たちはとかく他人の死を軽視しがちです。最近は病院で死を迎える人が多くなりましたが、死期がせまると、いろいろな管をさしこまれたり、機械をつけられたりして、ものを言うこともままならず、近親者に最後の別れを告げることもできないで死ぬ人が多いようです。医学者としては、肉体の病気をなおすことが優先するのは無理もないでしょうが、しかし死期が近づいたら、近親者や宗教家なども協力して、死ぬ人がこの世に感謝をもって別れを告げることができるように配慮する必要があると思います。さらに死んだ後の葬式にしても、とかく華美に流れ、商業主義におちいって、これに反感を持つ人がでてきたようです。そのために最近では葬式を拒否する人が出てきたことは、宗教家の深刻に受けとめねばならないことであると思います。葬式は、生きている人が、死者と別れを告げる儀式ですから、これがないと後に残った人びとは、とかく落ちつかないものです。生と死のけじめをつけるということは、大切なことであると思います。

第三章　釈尊の悟った法

一　帰依法の法

法の多様性

さきに第二章で「三帰依文《さんきえもん》」を考察したときに、第二の「帰依法」の「法」には、教法と理法とがあることを指摘しました。まず、私どもが平素唱えている三帰依文の「帰依法」は、「自ら法に帰依したてまつる。まさに願わくは衆生とともに、深く経蔵に入って、智慧海のごとくならん」とありまして、ここに「深く経蔵に入って」とありますから、この「法」が「教法」であることがわかります。しかもこの三帰依文は、『華厳経』の「浄《じょう》行品《ぎょうぼん》」に説く三帰依の偈文三偈を、文句を少しくかえて作ったものですから、「浄行品」でも帰依法の法は「教法」と理解されていたことがわかります。

このほかにも、帰依法の法を教法となす説は少なくありません。原始仏教の時代にも、仏陀の説法を聞いた人が、その教えに深く感動して、「実に世尊ゴータマによって、種々の方法によって法が開示されました。この私は、世尊ゴータマと、法と比丘僧伽《そうぎゃ》とに帰依します」と言って、三宝《さんぽう》に帰依し、信者となる例が多く示されています。この場合の「法」も、教法を意味すると思います。

しかし『華厳経』の場合には、その教法には阿含経も含まれるでしょうが、同時に多数の大乗経典をも含むわけです。したがって教法の内容が広すぎて、帰依するといっても、どの教法に帰依するのか、はっきりしない点があると思います。これは現代のわれわれが、三帰依文を唱えて「法」に帰依する場合にも事情は同じでして、帰依法が、漠然と仏陀の教えに帰依するということになっていまして、帰依する法の内容がはっきりしない難点があるように思います。

そうでなければ、それぞれの人の信じている各宗派の教えに帰依することになって、例えば日蓮宗の人は日蓮宗の教えに帰依し、浄土宗の人は浄土宗の教えに帰依するということになって、一緒に三帰依文を唱えていても、帰依の対象が異なるということになりましょう。それが悪いというのではありませんが、ともかく帰依を表白する以上、帰依の対象がはっきり理解されていることが大切であると思います。

なお原始仏教の場合は、仏陀の説法を聞いた人が、その教えの真理性を認めて帰依するのですから、帰依する法の内容は明らかですが、しかし説法が変われば帰依する法の内容も変わることになります。しかしそれでは法の内容が不鮮明になりますから、仏陀の説いた教法に共通的に見られる真理、例えば「縁起」とか、「涅槃」とか仏教の中心的な教理を帰依法の「法」の内容とすることが行なわれるようになりました。

現在の南方上座部《じょうざぶ》では、以下の三帰依文を三度唱えて、三帰依を行なっています。

仏に帰依したてまつる。

法に帰依したてまつる。

僧に帰依したてまつる。

と。以上の三帰依文を三度唱えるのですが、この場合にも、帰依する法の内容ははっきりしていません。しかし南方上座部の場合は、大乗仏教の場合のように教義が分岐していませんから、帰依文を唱える人が、それぞれ自己が理解し、信じている法を、帰依法の対象として帰依するということになると思います。

このように帰依法の法を教法と理解しても、その教法に何が説かれているかが問題になりまして、教法の示している「教理」が明らかにされることが要求されることになります。そのために帰依法の「法」を、「離欲」として示したり、あるいは「涅槃」とするなどの三帰依が現われています。

例えば『根本説一切有部百一羯磨《ひゃくいちこんま》』には、「帰依仏陀両足中尊・帰依達摩離欲中尊・帰依僧伽諸衆中尊」の三帰依文が説かれています。ここに「法」を「離欲の中の最高のもの」と示しています。

さらに『倶舎論《くしゃろん》』巻一四には三帰依の説明の中に「帰依法とは、謂《い》わく涅槃に帰す。この涅槃の言は唯だ択滅《ちゃくめつ》を顕わす」と述べていまして、「法に帰依する」とは択滅涅槃に帰依することであると説いています。この場合、「離欲」というのも、「涅槃」というのと同じでありまして、アビダルマ仏教では、帰依法の法を「涅槃」と見る説が有力であります。これは仏の悟った涅槃を、帰依法の「法」と理解する立場であります。『大智度論《だいちどろん》』にもこれとほぼ同じ説が示されています。

さらに『勝鬘経《しょうまんぎょう》』や『宝性論《ほうしょうろん》』などの如来蔵《にょらいぞう》思想の系統におきましては、如来蔵・真如に三宝の徳がすべて含まれるとする説を述べています。すなわちここには、仏宝の中に法宝と僧宝とを含む見方があります。先に述べたように、法を「離欲」と見ますと、「離欲」は仏陀にそなわる人格の徳と見ることができますし、さらに「僧」は「和合僧」と理解されていますので、僧の特色は「和合」にあるわけです。そしてこの和合を最も完全に実現しているのが仏陀であると見ることができます。そのために僧の和合の徳も仏陀に帰属することになりまして、仏・法・僧の三宝は一体であり、これらのすべてが仏陀にそなわるという思想がおこってくるのであります。これが一体三宝《いったいさんぼう》の説であります。

以上のごとく三帰依文に「法に帰依する」ことが説かれていますが、しかしその法の理解は多岐に分かれていますので、帰依法の検討によって、「法とは何か」を定めることは困難であります。

『初転法輪経』

しかしここで大乗・小乗のすべての教理を取り上げることは不可能ですので、釈尊の「悟り」に最も近い教理を考察して、法宝の考察にかえたいと思います。

この点で注目すべきは『初転法輪経《しょてんぼうりんきょう》』であります。釈尊は菩提樹の下で悟りを開いたあと、しばらく樹下に坐して「解脱の楽」を味わっておられたといいます。しかしその間に、自己の悟った法は難解であるので、他人に説いても理解されないであろうと考えられたといいます。そして説法をしないで、このまま涅槃に入ってしまおうと考えられたといいます。しかし天上の梵天《ぼんてん》が釈尊のこの心を察知して、いそいで天上から降りてきまして、釈尊にたいして、涅槃に入らないで、衆生の安楽のため、人天の利益のために、ぜひ法を説いて下さいとお願いをしたといいます。これを「梵天勧請《かんじょう》」といいます。おそらく釈尊は、「悟りをうる」という人生の最高の目的を達成して、その後何をするかということについて、心の動揺があったのでしょう。それがこの梵天勧請説話となって伝わっているのであろうと思います。

ともかく釈尊は梵天の勧めに応じて、これまでの「自利」の立場を、「利他」の方向にかえて、説法をすることに心をきめられたのです。そして最初に誰に説法するかを考えられて、五比丘に説法をすることにしました。それより先に、アーラーラ・カーラーマとウッダカ・ラーマプッタに法を説こうと考えられたのですが、しかしその時、この二人はすでに命終していたのでこれをとりやめ、六か年苦行林で一緒に修行した五人の苦行者ならば、自分の悟りの内容を理解するであろうと考えられて、この五人に説法することに心をきめられたと伝えられています。したがって釈尊は、この五人にどのように説法したらよいか、いかなる内容の教えを説いたら理解されるかということについて、よく考えをめぐらされたことと思います。

したがって『初転法輪経』の内容は、釈尊の悟りの根本を伝えるものであったと考えられるわけですし、さらにそこには、仏の悟りにまったく未知であった人に、仏の悟りをどのように理解せしめるか、説法の方法にも考えをめぐらされ、平易な教えから難解な教えに、教えの説き方にも工夫がこらされたと考えてよいと思います。

その意味で、『初転法輪経』の内容は、釈尊の法を代表する最もふさわしい教説であると思います。したがってここには、『初転法輪経』によって、釈尊の「法」の内容をうかがいたいと考えるのです。

なおこのほかに、釈尊は菩提樹下で、十二縁起を順逆に観じて悟りを開いたという説も伝えられています。縁起説も、釈尊の法を代表する重要な教説であると思いますが、本書では第一章に、縁起に関係のある教理を若干考察しましたので、それにゆずり、ここには『初転法輪経』を取り上げたいと考えます。さらに般若の意味や空の思想についても、第一章に少しく関説しましたので、大乗仏教とのつながりは、それらの考察にゆずりたいと思います。

二　『初転法輪経』の説くこと

『初転法輪経』は『転法輪経』と名づけられ、あるいは「如来所説」などと呼ばれていますが、ここには通説にしたがって『初転法輪経』と呼ぶことにしました。『初転法輪経』はいろいろな経典に説かれていますが、それらの中ではパーリ律蔵の「仏伝」に説かれる『初転法輪経』が最も整っていますので、いまはこれに拠ることにしました。

そのとき五比丘が住していた鹿野苑《ミガダーヤ》は現今のサールナートに位置しますが、これはベナレスの北方の郊外にあります。そしてベナレスはガンジス河に沿っており、中インドの西部に位置する古い都市です。そしてヒンドゥー教の盛んなところです。これにたいして釈尊が悟りを開いた仏陀伽耶《ブッダガヤー》は中インドの南部に位置しまして、ベナレスまでは、直線距離で測っても二百五十キロメートルほどあります。釈尊はどうして五比丘が鹿野苑にいることを知られたのか分かりませんが、ともかく彼らが鹿野苑にいることを知られて、そこまで訪ねて行かれたのです。

釈尊が鹿野苑に到着され、五比丘に近づいていかれたとき、五比丘は釈尊を見て、「沙門ゴータマは贅沢にふけり、精勤を捨てた。彼に礼をなすなかれ、起ちて迎うることなかれ、彼の衣鉢を取ることなかれ。ただし座を設けん。もし彼れ欲せば坐することを得ん」と示し合わせて、釈尊を無視しようとしました。ところが、釈尊が近づくにつれて、その威厳に打たれ、彼らはこの約束を忘れ、起って世尊を迎え、世尊の衣鉢を取り、座を設け、洗足水をはこんだといいます。そこで釈尊は設けの座に坐して、足を洗いました。

しかし彼らが釈尊に、名をもって呼びかけ、あるいは「友よ」と呼びかけましたので、釈尊は「如来を名をもって呼び、あるいは友よと呼びかけてはならない。如来は応供《おうぐ》・正等覚者なり。比丘らよ、善く聴け、我れはすでに不死を証得せり。我れ教うべし。我れ法を説くべし」と呼びかけられましたが、五比丘は釈尊が、正等覚者すなわち仏陀になったことを、なかなか承認しようとしませんでした。釈尊はかつて彼らとともに苦行林において、六年間はげしい苦行をおこなったのですが、しかしそれでも人法をこえた、超人間的な悟りの智慧を得ることができなかったのです。しかるに釈尊が、彼らと別れて間もないのに、しかも苦行を捨てて、乳粥をとり、身体を洗い、水を飲み、「贅沢」に流れた釈尊が、どうして正等覚者の悟りを得たのか、彼らには理解できなかったのです。

そこで釈尊が、自分が悟りを得て、不死を証得したこと、さらに汝らのために法を説くであろうと語り、この教えにしたがって修行するならば、久しからずして悟りを得ることができるであろうと、再三にわたって彼らに説いたのです。しかし彼らは納得しませんでした。そこで釈尊は、彼らに、自分が今までこのように、「悟りを得た、不死を証得した」と言ったことがあっただろうかと問われたのです。そのとき彼らも、今までそのように言われたことがなかったことを認めました。そして釈尊の今回の悟りが真実であることを承認して、釈尊の言葉に耳を傾ける気持ちになったのです。

そのとき釈尊が五比丘に説かれたことが、『初転法輪経』の内容となっているのです。このとき釈尊の説かれた教えは、第一に「苦楽中道《くらくちゅうどう》」の教説、第二に四聖《ししょう》諦《たい》の三転《さんてん》十《じゅう》二行法輪《にぎょうほうりん》、第三に「五蘊無我《ごうんむが》」の教説、以上の三つでありました。

第一の「苦楽中道」の教説は、五比丘は「苦行」が最善の修行方法と思っていまして、それを捨てた釈尊に大きな不信感を持っていたのですから、まず「苦行」だけではいくら努力しても悟りは得られないことを、彼らに納得させる必要がありました。そのためにまず「苦楽中道」の教えを説いたのです。なお、説一切有部が受持していた『初転法輪経』には、苦楽中道の教説がついていませんが、これはついているほうが正しいと思います。

第二は四諦の教えを三転十二行に説く教説です。四諦の教説は、仏教を知らない人を仏教に導き入れる教説です。この教えによって完全な悟りにまでは達し得られませんが、仏の教えがわかって、「法を見、法に悟入」することができ、預流果《よるか》の悟りを得ることはできるのです。ともかく四聖諦の教えは、仏教の智慧を知らない者に、仏教の智慧を知らしめる教理です。凡夫を聖者に進めしめる教説です。そのために四聖諦の教えが第二に説かれたわけです。

第三に「五蘊無我」の教説が説かれていますが、五比丘はこの五蘊無我の教説を修行することによって、煩悩を断じ、心解脱を得、阿羅漢《あらかん》になったと説かれています。それによって、仏陀を加えて、六人の阿羅漢があったと伝えています。したがって五蘊無我の教義は、修行を完成させる教説です。

以上のごとくでありますから、『初転法輪経』がこの三種の教説からなっていることは、理由のあることです。

三　苦楽中道説

パーリ律蔵では、「苦楽中道」の教説を次のように説いています。

ここに世尊は五比丘に告げられた。比丘たちよ、出家者の避けねばならない二辺がある。その二とは何であるか。（第一は）諸々の愛欲において、愛欲に耽溺《たんでき》する生活である。下劣で、卑しく、凡夫の行ないであり、高貴《アリヤ》でなく、義利《アッタ》を伴わない。（第二は）自らを苦しめる生活であり、苦しく、高貴でなく、義利を伴わない。比丘たちよ、如来はこの二辺を捨てて、中道をまのあたりに覚った。（この中道は）眼を生じ、智を生じ、寂静と証智・正覚・涅槃に導くものである。

比丘らよ、しからば如来が、まのあたりに覚ったところの、眼を生じ、智を生じ、寂静・証智・正覚・涅槃に導く、中道とは何であるか。それは実に聖なる八つの道である。すなわち正見《しょうけん》・正思惟《しょうしゆい》・正語《しょうご》・正業《しょうごう》・正命《しょうみょう》・正精進《しょうしょうじん》・正念《しょうねん》・正定《しょうじょう》である。これが、如来がまのあたりに覚ったところの、眼を生じ、智を生じ、寂静・証智・正覚・涅槃に導くところの中道である。

二辺を捨てる

以上の教説には「愛欲に耽溺する生活」と「自らを苦しめる生活」とを、二辺（二つの極端）として斥けています。しかしそれだから「苦でも楽でもない生活」を中道として認めているのではありません。ここに「如来は二辺を捨てて、中道をまのあたりに覚った」として、その中道が、眼と智とを生じ、寂静で、正覚・涅槃に導くものであると言っています。すなわちそれは「正しい智慧」を生ずるものでなければなりません。

愛欲に耽溺することは、官能的な快楽に溺れることでして、これは肉体の力を浪費し、苦の原因になるとともに、官能的な快楽は、智慧の力をくらますものです。それゆえ、正しい智慧を生ずるためには、官能的な快楽を抑制する必要があります。しかし官能的な快楽を抑制するためには、強い「意志の力」が必要です。しかしこの「強い意志の力」は、むしろ「苦行」によって養われるのです。断食をしたり、呼吸を止めたりして、死に近い苦痛に堪えたり、あるいは暗夜に森に孤独に住すれば、猛獣や毒蛇などの危険もあり、恐怖に身の毛もよだつでしょう。生命の不安に堪えつつ、身体の苦痛に堪えることによって、死の不安を克服して、強い意志を養うことができます。

しかし極度に肉体を苦しめると、身体の力が失われ、生命の活力や気力がなくなります。

そのためにかえって智慧の力が弱められます。悟りを得るためには智慧の力を強めねばなりませんが、極端な苦行は正しい智慧の出現を妨げるものであります。かえって身体をくつろいで、心をゆったりさせるところに、心によいアイデアが生ずるものです。肉体を安楽にし、健康で力の充実した身体を維持し、しかも禅定に入って精神を統一するところに、真理を洞察する智慧がおこると思います。そのためには快適な身体を保つ必要があります。つまり官能的な快楽は、心をだらけさせて、正しい智慧の出現を妨げますが、しかし肉体を安楽に保つことは、精神を集中することに役立つのでして、したがって正しい智慧の出現に役立つのです。すなわち官能的な快楽は否定されますが、適度な身体の安楽は正しい智慧を得るのに必要です。

同様に極度な苦行は身体の力を失わせ、同時に智慧の活動を妨げますが、しかし適度な苦行は意志の力を養い、官能的な快楽を抑えるとともに、身体の健康と安楽を実現させ、正しい智慧の出現に役立つものです。したがって苦行を一方的に捨てるのでもなく、快楽を一方的に否定するのでもないのでして、苦行も行きすぎにならない範囲できびしく実行し、快楽も正しい智慧の出現に役立つ限りで、それを肯定し、役立てるのです。それが中道です。そこには両者のバランスを見出す般若の智慧が必要です。

「如来はこの二辺を捨てて、中道をまのあたりに覚った」と説かれていますが、上述のごとき意味において「二辺を捨てる」ことによって中道は悟られるのです。同時に中道を悟ることによって、二辺を捨てることがより徹底してなされるわけです。すなわち「苦楽中道」の場合は、二辺を捨てることによって中道智が得られるとともに、中道智を深めることによって、二辺を捨てる実践が徹底するわけです。

中道智

このように中道は智慧であります。これを「眼を生じ、智を生ずる」と表現しています。同時に中道は実践でありまして、これを「寂静・証智・正覚・涅槃に導く」と表現しています。そして中道の実践を「正見・正思惟・正語・正業・正命・正精進・正念・正定」の「八聖道《はっしょうどう》」で示しています。この八聖道（八正道）は次の四聖諦の「道諦」でもありますので、そこで改めて考察することにしたいと思います。

ともかく「中道」とは、調和を実現する智慧です。しかし調和を実現するためには、執著を離れる必要があります。心が対象にとらわれ、あるいは自己に執著するならば、中道は失われます。例えば百の中間は五十ですが、しかし五十に執著すれば、五十は一辺となってしまって、逆に二十五が中になってしまいます。それゆえ、中を知る智慧は、中にも執著しないことが必要です。

われわれの現実は絶えず状況が変化していますから、その変化している状況の中で、問題点を正しく把握し、問題点の中に二辺を見極めて、中を回答として選びとることが必要です。それゆえ、中道智は、全体を正しく知る智慧（全体観）と、そこから正しい答えを選びとる批判的な智慧（選択）との二つの性格を持っています。これは執著を持たない点で、空の智慧であり、また無我の智慧であります。空の智慧である点で、中道智は般若の智慧の性格を持っているのです。

そして苦楽中道説においては、中道を知ることによって、苦行も極端に走るときには、正しい修行の性格を失うことを知らしめる点に重要な意味があります。釈尊が五人の苦行者にまず「苦楽中道」の教説を説かれた目的はここにあったと思います。さらに快楽も一方的に否定されるものではなくして、正しい智慧の出現に必要なものであることを、五人の苦行者に認めしめることも、この時の教説の目的の一つであったと思います。

ともかく中道は、現実生活の中で選びとられるものでありますから、完全なものではないわけです。現実は無常であり、絶えず変化していますから、その中で選取される中道も、状況に応じて変わるわけです。その点にこの「苦楽中道」の世俗諦的性格があります。しかし中道にはこのほかに、有無中道・断常中道などがありますが、これらの中道は縁起につながる「智的中道」でありまして、苦楽中道とは性格が異なる点があります。これらについては、第一章で触れましたので、ここではくり返しません。

四　四諦三転十二行法輪

四聖諦＝四諦とは

『初転法輪経』では、以上の「苦楽中道」の教えにつづいて、四聖諦の教えが説かれています。しかし苦楽中道の教えが、釈尊の一ぺんの説法だけで、五比丘に理解されたとは考えがたいことです。ゆえに釈尊は「苦楽中道」に関して、反復してその意味を説明されたと思います。したがって次の「四諦《したい》」の教説についても、同様にくり返して説法されたと考えられます。

四聖諦の教えは、阿含経では最も重要な教説の一つですから、阿含経の多くの経典に説かれています。とくに「相応部」の「諦相応」に多数の経典が含まれていますし、それ以外にも四諦の教説は、阿含経の随所に説かれています。それらの四諦説のうち、上記の「諦相応」の中に「如来所説」とよばれる経典がありまして、これが律蔵の『初転法輪経』と、内容がほぼ同じであります。しかしここには律蔵の『初転法輪経』によって、その内容を考察したいと思います。

四諦の教えは、苦聖諦・苦集聖諦・苦滅聖諦・苦滅道聖諦の「四つの聖諦」の教えから成っています。この場合の「聖」（アリヤ、アーリヤ）には、アーリヤ民族の伝統を受け継いでいるという意味もありますが、同時に「高貴な、正しい、聖なる」という意味もあります。すなわちこの四諦の教説が、人類の伝統にかなっており、さらに真理にかなった、尊い教えであることを示しています。

次に「四諦」の「諦」（サッチャ、サトヤ）は「真理」の意味であります。ゆえに「四諦」は「四つの真理」を示す教義の意味です。

苦聖諦＝苦諦

経典には、第一の「苦聖諦」の教えを、次のごとく示しています。

比丘らよ、実に苦聖諦とは次のごとし。（すなわち）生《しょう》は苦なり、老は苦なり、病は苦なり、死は苦なり。憎い者と会うは苦なり、愛する者と別れるは苦なり、欲するものを得ざるは苦なり、略説すれば五取蘊は苦なり。

と。ここに生・老・病・死の「四苦」とこれにさらに、怨憎会苦《おんぞうえく》・愛別離苦《あいべつりく》・求不得苦《ぐふとっく》・五取蘊苦《ごしゅうんく》（五陰盛苦《ごおんじょうく》）の四苦を加えた「八苦」が説かれています。

第一の「生まれることが苦である」ということは、理解しがたいかもしれませんが、母親が子供を生むとき、母親に生みの苦しみがあります。したがって生まれる子供も、狭い産道を通って生まれてくるのですから、そのとき大きな苦を受けると思います。さらに「老いる苦しみ、病気の苦しみ」も、実際に自分がその状態に陥ってみないと、本当のことは分かりませんが、老いも、病気も、誰にも避けることのできない苦しみです。次に死の苦しみは、人間にとって最も深刻な苦しみです。さらに嫌いな人と会う苦しみ、愛する人と離別する悲しみ、欲しい物が得られない苦しみ等も、何ぴとにも体験される苦しみです。最後の「五取蘊苦」とは、生存に執著することは苦であるという意味です。人間は何歳まで生きても、もうよいという時はないのでして、いつまでも生存に執著しています。そのために死が深刻な苦しみとなります。

苦諦、すなわち苦の真理とは、聖者の立場から見て苦となるものを言うのです。それゆえ、一般に凡夫は、この世に生きることは楽であると見ていますが、しかし仏教の聖者から見れば、輪廻の生存は苦であると見られています。それゆえ、苦の真理の理解について、凡夫と聖者とで理解が矛盾する点がありますが、しかし上記の「四苦、八苦」は、凡夫にとっても苦であることが明らかです。それゆえ、四諦の教えから入ると、凡夫にとっても仏教の教理に入り易いのであります。すなわち生老病死などの四苦八苦が「諦」(真理)であることを悟るのが、第一の「苦聖諦」であります。

苦集聖諦＝集諦

次の「苦集聖諦」とは、苦の原因の真理という意味です。「集」とは「あつまる」ということですが、二つ以上のものが集まって、力をあわせると、今までなかった力が生じます。例えば酸素と水素とが化合しますと、水になりますが、水は酸素にも水素にもない力を発揮します。そのわけは、ものは常に持てる力を、すべて発揮しているのではないからです。縁となって協力する相手によって、発揮する力が変わるのです。例えば動物の雌雄の生殖の力なども、一方だけでは発揮のしようがないのです。したがって二つ以上のものが集まって助けあう場合に、いままでなかった新しいものが生じます。

これが「衆縁所生」の意味です。縁起において、衆縁の総和と、その結果生ずるもの（起）とは同じでないのです。両者の間には、力の連続があるとともに、断絶があるのです。この縁起の関係をここでは「集」の語で表現しているのです。「集」は「因」の意味ですが、一般に考えられている因果のごとく、因と果とを直線的に結ぶ因果ではなく、連続と断絶のある「衆縁」と「起」との関係の「衆縁」を「集」と言っているのです。

ともかく集は因（衆縁）の意味でありまして、苦諦の四苦八苦は結果であります。そこでの苦の原因となる真理を示すものが「苦集聖諦」であります。苦集聖諦は次のごとく説かれています。

　比丘らよ、実に苦集聖諦とは次のごとし。（すなわち）実にこの、再生をもたらし、喜と貪と、ともにはたらき、随所に歓喜するところの渇愛なり。すなわち欲愛、有愛、無有愛なり。

と。ここでは苦の原因を渇愛で示しています。しかしもちろん渇愛だけが苦の原因になるわけではありません。他にも原因はありますが、渇愛は苦の原因として優勢であるという意味です。渇愛（タンハー）とは、口の渇《かわ》いた人が烈しく水を求めるごとく、烈しく欲求する心をいうのです。しかも非常に口が渇いているときには、どれだけ水を飲んでも、渇きがおさまりません。身体の全体が渇いているからです。このときの水を求める気持ちのように、われわれの心の底には、渇愛がありまして、ものを欲求し、どれだけ満たしても、満足しないのです。そのために、人間はどれだけ長生きしても、なお生きたいと思い、どれだけ財産を得ても、なお得たいと思い、どれだけ権力を得ても、なお得たいと思います。そこには際限がありません。際限を知らないことが苦の原因になるのでして、渇愛にはこの盲目性があるのです。

　渇愛はこのように、心の根底にある「不満足性」であります。そのために、死の最後の一刹那にもなお生存に執著します。この執著のために、死んでもまた生まれかわるのです。

それで渇愛は「再生の因である」というのです。すなわち「再生をもたらし、喜と貪と、ともにはたらき、随所に歓喜する」というのです。そして渇愛を「欲愛・有愛・無有愛」と説明していますが、欲愛とは欲界の渇愛、有愛とは色界と無色界の渇愛、無有愛とは生存の断滅を欲する渇愛です。すなわち渇愛は三界の生存にたいする執著であるとともに、生存を厭うことの根底にも渇愛があるというのです。

要するに、あらゆる苦しみの根本は、飽くことなき欲望であることを示すのが、苦集聖諦の意味です。ゆえに欲を捨てれば、人間には安楽があるのです。冷静に考えれば何びとにも、このことは明らかであると思うのですが、それを実行できないところに、渇愛の渇愛たるゆえんがあるのです。

このように苦の原因として、渇愛をとり出して示している点に、四諦の教説の特色があります。西欧の文明は、自我を認める文明でして、自我の欲望を満足することを目的とする文明です。しかし人間が、人間の欲望を満足するために、際限なく自然を蚕食したために、人間と自然とのバランスが崩れ、自然の存続が危うくなっただけでなく、人間の存在も危険になってきました。それだけに人間は、人間存在の根底が渇愛にあることを見極めて、「苦楽中道」を立場として、欲望の制御の原則を見出す必要があると思います。

苦滅聖諦＝滅諦

第三に「苦滅聖諦」とは、次のごとく説かれています。

比丘らよ、実に苦滅聖諦とは次のごとし。およそこの渇愛を残りなく離貪し、滅し、棄捨し、放棄し、解脱し、執著のないことである。

と。滅の聖諦とは、渇愛が残りなく滅した状態です。執著のないことです。それによって心が渇愛の束縛から解脱したことです。滅諦は「涅槃」であると説明されますが、ここではまだ涅槃の語は用いられていません。しかしここで「離貪」と言っているのは、涅槃と同じ意味です。さらに「解脱」というのも同じですが、解脱は心が煩悩の束縛を脱して自由を得た状態をいいまして、涅槃は煩悩の滅した絶対の平安を意味するのです。渇愛は「無明」というのも同じでして、渇愛・無明の滅した心の平安が「滅諦」であるわけです。ここでは苦が完全に滅しているのです。

苦滅道聖諦＝道諦と八聖道（八正道）

次に「苦滅道聖諦」について、次のごとく説いています。

比丘らよ、実に苦の滅に導く道聖諦とは次のごとし。これすなわち八支聖道（正見・正思惟・正語・正業・正命・正精進・正念・正定）なり。

と。道諦は八聖道でありますが、さきに苦楽中道の教説の中で、中道を八支聖道で示していたために、ここでは正見のみを挙げて、正思惟以下を省略しています。ともかく滅諦、すなわち渇愛の余りなき滅を実現するためには、八聖道を実践せよと言うのです。それが「苦の滅に導く道聖諦」であるというのです。

すなわち八聖道が道諦でありまして、この道諦の実践によって、苦の滅、すなわち滅諦が実現します。したがって八聖道は、仏教では重要な教理ですが、ここには単にその徳目を挙げているだけです。ここに八聖道について詳しく考察する余裕はありませんから、八種の徳目の意味を簡単に示しておきたいと思います。

第一の正見とは、「正しい見方」でありまして、ありのままに見ること（如実知見《にょじっちけん》）であります。しかしありのままに見るためには、先入見を捨てて、自我にたいする執著を離れることが必要です。正見は、心にそなわる「般若の智慧」をはたらかせて見ることです。それによって、自己と世界のありのままの姿が知られ、自己も世界も縁起の道理によって動いていることを知るに至るのです。

この正見にもとづいて、第二の正しい思惟が生じます。さらにそれによって正しい言葉（正語）、正しい行動（正業）、正しい生活（正命《しょうみょう》）、正しい努力（正精進《しょうじん》）などが行なわれるようになります。これらは日常の生活が正見にもとづいて、道理にかなった生活となることをいうのであります。

それによって第七の正念が確立します。正念とは正しい注意力、正しい記憶のことでありますが、これは心を常に正しい状態に維持する「心的力」であります。われわれは不注意によって失敗をしたり、出来心によって悪に走ったり、悪に誘惑されたりします。このような誘惑や失敗をはねのける心的力が「正念」であります。最後の正定とは、正見や正念にもとづいて実現される「心の統一」であります。すなわちそれは、正しい禅定であります。この正しい禅定において、第一の正見、すなわち般若の智慧が強められて、真理を悟ることができるのです。それを可能にするには我執や煩悩を断ずることが要求されます。我執や煩悩は正しい智慧の実現を妨げるからです。そして中道の智慧が八聖道の「正」によって示されています。

以上、八聖道としての道諦を見ましたが、以上が八苦を中心とする苦諦、さらに渇愛を中心とする集諦、渇愛が滅した滅諦、八聖道よりなる道諦のあらましであります。

三転十二行法輪とは

以上で四諦の教理は示されたのでありますが、『初転法輪経』には、次に四諦の三転十二行法輪が説かれています。すなわちそれは、四諦の示転・勧転・証転であります。

すなわち第一の苦諦については、「これが苦聖諦である」ことについて、「私に眼が生じ、智が生じ、慧が生じ、明が生じ、光明が生じた」と、仏陀が説いています。これは、苦諦の内容を提示したことですので「示転」といいます。

次に「この苦聖諦は遍知さるべきである」との眼・智・慧・明・光明が生じたと言っています。「遍知さるべき」とは、遍知を勧めることですので、苦諦の「勧転」であります。次に「この苦聖諦は遍知された」との眼・智・慧・明・光明が生じたといいます。これは「遍知された」というのですから、苦諦の「証転」であります。以上、苦諦について、示転・勧転・証転の三転があります。苦諦は遍知されるべきものでありますから、遍知されたと知ることによって、釈尊の心中における苦諦の証悟が成立したことが示されています。

次に苦集聖諦について、「これが苦集聖諦であると、私（釈尊）に眼が生じ、智が生じ、慧が生じ、明が生じ、光明が生じた」といいます。これが集諦の「示転」であります。次にこの苦集聖諦は「捨断さるべきである」との眼・智・慧・明・光明が生じたといいます。渇愛は断ぜらるべきものでありますから、これは集諦の「勧転」であります。次にこの苦集聖諦は「断捨された」との眼・智・慧・明・光明が生じたといいます。これが集諦の「証転」であります。

次に苦滅聖諦については、「これが苦滅聖諦である」との示転、苦滅聖諦は「作証さるべきである」との勧転、この苦滅聖諦は「すでに作証された」との証転が、釈尊にあったことが説かれています。

次に「苦の滅に導く道聖諦」について、「これが苦の滅に導く道聖諦である」との示転、この道聖諦は「修習さるべきである」との勧転、この道聖諦は「すでに修習された」との証転が説かれています。

以上、四諦のそれぞれについて、示転・勧転・証転の三転が説かれていますので、合わせて十二転になります。これを四諦の三転十二行法輪といいまして、これによって釈尊が四聖諦を完全に証得されたことを示しています。釈尊は、この四諦において、三転十二行相を持つ如実知見が純粋清浄になったので、「私は、無上正等覚を現等覚した」と称し、「私の心解脱《しんげだつ》は不動である。これが私の最後の生である」との智と見とが生じたと説いています。したがって釈尊は四聖諦を証得することによって、心解脱を得て、無上正等覚を成じたことを言っております。

しかしこの四諦の教えを聞いた五比丘は、智慧が劣るために、四諦の三転十二行法輪を聞いても、無上正等覚はもとより、心解脱を証することもできなかったのです。

しかし五比丘の中の長老憍陳如《きょうちんにょ》は、「すべて集法であるものはことごとく滅法である」

との遠塵離垢《おんじんりく》の「法眼《ほうげん》」を得たと説いています。この「集法であるものは滅法である」との法眼は、諸行無常を正しく知る智慧であります。後世には、これは預流果の証悟を得たのであるとも解釈されています。ともかく憍陳如はこれによって、無常の世界に存在する「法」を正しく知ったのです。憍陳如につづいて、他の四人の比丘も、同じく遠塵離垢の法眼を得たのであります。そして五比丘は仏陀に乞うて具足戒を受けて正式の比丘となり、仏陀の弟子となりました。

五　五蘊無我説

以上、五比丘は釈尊から、四諦の三転十二行法輪の教えを受けて、「集法はすべて滅法である」との遠塵離垢の法眼を得て、仏陀より具足戒を受けて、比丘となりました。彼らは、遠塵離垢の法眼を得て、法を正しく知ったのであります。法とは、「縁已生法」といいまして、「縁起によって生じたもの」であります。ゆえに法を知ることは縁起を知ることでありますし、法は無常の世界において成立するものでありますから、法を知るとは、無常を無常と正しく知ることでもあります。無常を忘れて、法だけを見ますと、存在を固定的に理解することになります。それは「法」ではありません。

このように法を知った人は、無常と縁起の智慧を得ていますから、これを「慧解脱」といいます。心の中において、智慧が解脱し、智慧が煩悩の束縛を脱し、自由となっていることを意味します。しかし智慧は解脱しましても、心の全体が解脱したのではありませんから、まだ「心解脱」には達していません。心中の我執を断じ、心中の煩悩をすべて断ずれば、心の全体が煩悩の束縛を断じて、解脱をうることができます。これが心解脱です。

釈尊は五比丘が、遠塵離垢の法眼を得て、具足戒を受けて比丘となったあとで、五比丘にたいして、「五蘊無我」の教えを説いています。その教説は次のごとくであります。

比丘らよ、色は無我なり。比丘らよ、もしこの色、我なりせば色は病をいたすことなけん。色において「我れは、この色を用いん。かの色を用うまじ」と言うことを得べし。比丘らよ、しかるに色は無我なるがゆえに、色は病をいたし、色において、「我れはこの色を用いん。かの色を用うまじ」と言うことを得ず。

と説いておりまして、同種の教説が、色の次の、受・想・行・識について説かれています。さらにその後で、「色は常住なりや、無常なりや」、「無常なり」。「無常なるものは苦なるや、楽なりや」、「苦なり」。「無常・苦にして、転変の法なるを見て、これは私のものである、それは私である、それは私のアートマンであるとなすことができるであろうか」、「しからず」などと、五蘊の無常・苦・無我の教えが説かれています。しかしこれらの五蘊の教説については、すでに本書の第一章において考察しましたので、ここには説明を省略いたします。

ともかく五比丘は、釈尊から、「五蘊は無常であり、苦であり、無我である」という教えを聞いて、一切の煩悩から解脱し、心解脱を得たと説いています。そしてそのとき、仏陀を加えて、世間に六人の阿羅漢があったと説いています。したがってこれで五比丘の修行が完成したことを示しているのです。

以上、簡単ではありますが、苦楽中道の教説、四諦三転十二行法輪、五蘊無我説を示しました。阿含経に多くの教説がありますが、これらの教説は、仏教の修行において、それぞれの節目となっている教説ですので、釈尊の教説の代表と見ることができます。ゆえに法宝を代表するものとして、ここに示すことにしました。

第四章　僧伽《サンガ》――教えを継ぐ人々

一　僧伽と四衆

比丘・比丘尼・優婆塞・優婆夷

仏教の教団を考える場合、まず僧伽《そうぎゃ》と四衆《ししゅ》の区別をはっきりさせなければなりません。四衆とは、比丘《びく》衆・比丘尼《びくに》衆・優婆塞《うばそく》衆・優婆夷《うばい》衆を言います。仏教の経典のはじめには、世尊が四衆に囲遶《いにょう》されて、供養恭敬《くようくぎょう》、尊重讃嘆《そんじゅうさんだん》されて、法を説いておられることが説かれています。同時にまた経典のはじめには、仏陀が大比丘衆千二百五十人と倶《とも》にあった等とも説かれています。このように「四衆」の中に「比丘衆」が含まれており、さらに「大比丘衆千二百五十人倶」という場合にも「比丘衆」とあるために、両者の「比丘衆」は同じ意味であるように考えられやすいのです。

しかし梵文の原典で見ますと、四衆の場合の「比丘衆」は「比丘のパリシャッド」とありまして、これは「比丘の集まり」という意味です。これにたいして「千二百五十人の大比丘衆」という場合の「比丘衆」は「比丘のサンガ」となっています。まれには「比丘衆」の原語は「比丘たち」という場合もあります。

ともかく「比丘サンガ」という場合と、「比丘のパリシャッド」という場合とでは意味が違いますので、両者を混同することは具合いが悪いのです。つまり四衆という場合のパリシャッドは、比丘・比丘尼のパリシャッドだけでなく、優婆塞のパリシャッドや優婆夷のパリシャッドもあるのです。それらは優婆塞の集団、優婆夷の集団という意味です。人びとが仏陀の面前に集まって法を聞く場合、比丘・比丘尼・優婆塞・優婆夷が一緒になって、雑然と入り混じって坐するのではありません。比丘は比丘たちだけで集まって集団をなし、比丘尼は比丘尼だけで集まって集団をなし、同様に信者も優婆塞と優婆夷とは、別々に集まってパリシャッドを作って坐して、法を聞くのです。昔のインドでは、現代の日本のように、在家と出家、男性と女性等が雑然と入り混じって坐ることはなかったのです。

このように四衆がそれぞれ別れてグループを作って坐るのですから、菩薩も菩薩だけで集まって集団を作っていたようです。これは、大乗の経典を注意深く読んでみれば明らかなことでして、仏前の聴聞衆を示す場合、どの経典でも、菩薩の聴聞衆と比丘の聴聞衆とを一緒にまぜて示すようなことはしません。必ず比丘の聴聞衆を先に出し、つぎに比丘尼の聴聞衆、そのあとに菩薩の聴聞衆を出しています。これは当時の仏教で「生活集団」として、比丘の集団と出家の菩薩の集団とは別のところに住んでいたためであろうと思います。

すなわち、比丘や比丘尼は、それぞれの僧伽の精舎《しょうじゃ》に住んでいました。しかし出家の菩薩たちは、仏塔を祀った「塔寺」に住んでいました。しかし比丘の住んでいる精舎にも、仏塔が祀られている場合があったようですから、寺院址の遺構から、大乗の塔寺と部派の精舎とを区別することは困難であります。それに、大乗が興ってから五百年も七百年もたちますと、大小兼学の寺も多くなっていますから、大乗と部派仏教との関係は一概に判定することができないのです。しかし大部分の大乗経典が著わされた初期の大乗教団の時代には、菩薩の教団と部派の教団とは別々の生活集団を形成していたと考えられます。

ともかく四衆の比丘衆は単なる比丘の集まりの意味であり、比丘僧伽の比丘衆は共同生活をなしつつ、修行をする集団であります。僧伽は戒律の規則に従って生活する団体であります。したがって四衆のうちの比丘尼衆は比丘衆の場合と事情は同じですが、在家の優婆塞衆・優婆夷衆は、パリシャッドとしての集団があるだけでして、僧伽としての集団は存在しなかったのです。在家信者は僧伽という組織を持たないのでして、彼らは個人の立場で比丘の指導を受けて修行生活をしていたのです。

二　原始仏教時代の教団

1　僧伽の日常生活

具足戒

釈尊の時代の中インドには、すでに出家遊行者があって、沙門《しゃもん》と呼ばれていました。釈尊も出家して、沙門の群れに身を投じたのです。このほかに伝統的な宗教者に婆羅門《ばらもん》がありまして、この沙門と婆羅門とで宗教者を代表していたのです。

沙門は出家生活をしていましたから、生活必要品はすべて在家者からもらって生活していました。そのために彼らを「比丘《びく》」と言いました。比丘とは「ビクシュ」の音訳語で「乞う人」という意味です。出家後の釈尊も、さらに出家の弟子たちも、すべて「比丘」であったのです。ゆえに「比丘」とは、当時の出家修行者の一般的な呼称でありました。ただ仏教の比丘は、仏陀から「具足戒」を受けて弟子となった人を言うのでして、仏教では具足戒を受けない者は比丘とは言わないのです。

具足戒とは、釈尊が僧伽の秩序を維持し、弟子たちの修行に役立つようにと、制定した「戒律」を言うのです。戒律は長い年月の間に次第に数が増えまして、最後には二百五十条ほどになりました。この二百五十条の条文を集めたものを「波羅提木叉《はらだいもくしゃ》」（別解脱戒《べつげだつかい》）とも「戒経」とも言います。比丘たちは、たとい命を失う危険があっても、戒律を破るまいという決心を持っていました。ただしこの二百五十戒がすべて、釈尊の在世に制定されたかどうかは、はっきりしません。しかし重要な戒律百五十条ほどは、釈尊在世にすでに制定せられていたと思われます。

具足戒は、最初は釈尊が直接弟子に授けていましたが、しかし釈尊は弟子たちにも、説法することを許し、弟子が教化することを認めました。そのために弟子たちの教化によって、仏教に帰依する人ができてきました。しかし彼らをすべて釈尊のところへ連れてくることは困難ですので、弟子にも具足戒を授けることを許すようになりました。

しかし一人の比丘のみの判断で具足戒を授けることになりますと、道心堅固でない者にまで具足戒を授けて、僧伽の中にトラブルをおこすようなことができてきましたので、のちには十人の比丘で組織する僧伽《サンガ》において、具足戒を授けて比丘とするように定められました。しかし仏教の比丘が少ない地方で、十人の比丘を集め難いところでは、五人の比丘の僧伽でも具足戒を授けてよいということになっています。

四方僧伽と現前僧伽

仏教の出家者の教団を総称して「四方僧伽《しほうそうぎや》」といいます。これは「已来当来《いらいとうらい》の四方僧」といいまして、すでに僧伽に入った比丘だけでなく、未来に僧伽に入るであろう比丘までも含めて「四方僧伽」というのです。これを「四方僧」というのは、四方に発展する僧伽の意味です。そして僧伽の所有する精舎や精舎の土地、精舎の備品などは、すべて四方僧伽の所有物となっていました。これを「四方僧物《しほうそうもつ》」といいます。

四方僧伽は全世界に拡がっていますから、仏教の正規の儀式によって具足戒を受けた比丘は、どこへ行っても、四方僧の精舎に宿泊し、その財物を利用する資格があります。そして信者が僧伽に布施した食物や袈裟《けさ》などの分配を受ける資格があります。そのために比丘は、どこへ遊行《ゆぎよう》しても、その土地の精舎に泊り、食事の供養を受けることができます。これは比丘が、一所不住の遊行生活をなしつつ修行をするために、釈尊が制定せられた規則であります。禅宗の雲水の生活も、原始仏教の遊行生活に由来しています。

以上の四方僧伽は、時間的には三世一貫の僧伽であり、未来にどこまでも存続する僧伽でありますが、空間的にもどこまでも拡大する僧伽であります。これにたいして実際に活動している僧伽を「現前僧伽《げんぜんそうぎゃ》」といいます。現前僧伽は現実に活動している僧伽の意味です。

現前僧伽は、一定の区域内の比丘たちが集まって組織する僧伽です。この「一定の区域」には制限はありませんが、集会に都合がよいように、数時間で布薩《ふさつ》堂に集合できる範囲となっています。この範囲を定めることを「結界《けっかい》」といいます。この範囲内に比丘が四人以上いますと、彼らは現前僧伽を組織し、生活しなければなりません。もし現前僧伽の限界を示す結界ができていなければ、まず結界を決定します。これを「界を結する」といいます。この結界に一歩でも足を踏み入れた比丘は、その現前僧伽のメンバーになります。この界を「布薩界」（大界）といいます。この結界内の比丘は、半月に一回、布薩堂に集まって「波羅提木叉」を誦出して、布薩（ウポーサタ）を行なわねばなりません。波羅提木叉を誦出するのは、波羅提木叉に示される二百五十戒を、比丘たちが半月のあいだ忠実に守っていて、破戒を行なっていないことを証明する儀式です。同時にこれは、現前僧伽の比丘たちが精神的に同じ信仰で結合していることを示す儀式でもあります。全員が仏陀の教えに従って修行生活をなし、同じ戒律を守り、同じ教法を実行するのであります。

三衣――僧伽の衣食住

現前僧伽の比丘たちが共同生活をするという意味は、僧伽の精舎を公平に利用し、信者から布施された物を平等に分配して生活することです。

比丘たちの生活は「衣・食・住」の三でありますが、第一の住居は四方僧伽の精舎であります。精舎には、旧いもの、新しいものがあり、よい部屋、悪い部屋などがありますが、比丘たちは法臘《ほうろう》にしたがって、分房舎人の比丘が配分する房舎を利用します。一泊だけで遊行する比丘もありますし、長期に滞在して、経典や戒律を学習したり、禅定を修習する比丘もあります。長期滞在者に対しては一年に三回、房舎の配分の仕直しをしますし、雨《う》安居《あんご》の前には、その精舎で安居をする比丘たちが共同して、精舎の修繕をします。そして大修繕を必要とする建物の場合は、信者に勧化《かんげ》して、修繕してもらいます。このようにして、現前僧伽の比丘たちは、四方僧物によって生活しつつ、僧物を管理・維持し、あるいは信者に勧化して、四方僧物を新しく布施してもらいます。その際、精舎や土地などの「重物」を信者が布施する場合には、現前僧伽にではなくして、教えて四方僧伽に布施してもらいます。

次に「衣」について言いますと、比丘の衣は「袈裟《けさ》」です。在家者は「白衣《びゃくえ》」を着ます。暑熱のきびしいインドでは、白い着物は暑さをしのぎやすいのです。しかし比丘は白衣を着る在家者と区別して、袈裟衣を着ます。袈裟は「カーシャーヤ」の音訳語でして、「壊《え》色《じき》」と訳します。くすんだ赤褐色の色のことでして、比丘はこの色に衣を染めます。そのためにこの色がそのまま比丘の衣を示すことになったのです。しかし日本仏教では袈裟は衣《ころも》の上に着ける装飾になってしまいました。しかし本来は袈裟が着物であったのです。ただ中国や日本は寒いために、袈裟の下に衣を重ねて着るようになったのです。

袈裟は「三衣《さんね》」といいまして、三種類あります。下衣を「安陀会《あんだえ》」といいまして、五条袈裟に相当します。これは下半身を覆う衣で、比丘は部屋の中では下衣で生活します。しかし布薩などの僧伽の会議に出席する時には、上衣を着ます。これは鬱多羅僧《うったらそう》といいまして、七条袈裟に相当します。これは偏袒右肩《へんだんうけん》に着ます。そのために覆左肩衣ともいい、入衆衣ともいいます。そして乞食などのために寺外に外出する時には外衣を着ます。これは僧伽梨《そうぎゃり》といいまして、全身を覆うように着て、両手も衣の中に入れ、首から足の踵までを衣につつみます。比丘は女人と身体を触れると僧残の罪になりますので、外出の時には全身を衣の中に入れるのです。これは九条ないし二十五条に作ります。

以上の三衣で、比丘は一年中を生活します。そして雨安居のあとに、施衣時がありまして、この時信者は集中的に布を布施してくれます。そしてその精舎で安居をした比丘たち全体で、信者の布施してくれた布を受け、これを比丘たち全体で公平に分配して受けます。

この分配された布片を縫いあわせて、さらにそれを袈裟色に染めて、三衣を作ります。鬱多羅僧と僧伽梨は二重に作り、大きさも二メートル四方くらいありますから、三衣を作るにはたくさんの布を必要とします。織物技術の未熟な古代においては、比丘は三衣を作るのに必要な布を集めるのに苦労しました。そのために雨安居のあとを「作衣時」ときめてありまして、信者たちもあらかじめ布を用意しておき、安居のあとに僧伽に布施するのです。「布施」という言葉が、布を施《ダーナ》すことを意味しています。これにたいして、比丘が乞食に出て、食物を布施されるのを「供養《プージャー》」といいます。

もちろん比丘の親族や信者などが、比丘個人に衣を布施することは自由です。しかし僧伽としては、なるべく現前僧伽や安居僧伽に布施してもらうことを希望します。そして僧伽に布施された布を、比丘全員で分配し、比丘が安心して衣を入手できるように配慮していました。しかし同時にこのとき、四方僧の寝具なども布施してもらいます。これは「四方僧に布施する」と言って、布施してもらいます。布施の対象は、布施者の意志によってきまりますが、しかし釈尊は、比丘たちの修行生活がスムーズに行なわれるように、なるべく僧伽に布施してもらい、全員で公平に分配するシステムを作っていました。

例えば雨季の最中には、比丘たちはスコールの中で水浴をしましたが、しかし裸体で雨水をあびるのは具合いが悪いので、その際は雨浴衣という布をまといます。これも雨季の始まる一か月以前から、信者から雨浴衣を現前僧伽に布施してもらい、全員で分配するきまりになっていました。

なお比丘はこのほかに、坐禅のときに用いる坐具と、漉水嚢《ろくすいのう》といって、水を漉す袋を持っていました。これは虫のいる水を呑んで殺生するのを防ぐために、水を漉す袋です。そのほか、足拭や手拭なども持っていました。それらについても、入手の仕方がきめられています。

乞食と請食

以上は「衣」（布製品）でありますが、次は「食」です。比丘は正午までに食事をして、午後は食物をとりません。ただし果実のジュース等は飲むことを許されています。すべて在家者から供養されたものを受けて食します。たとい路傍の木から落ちた果実でも、他から受けない物を拾って食べることは許されません。

比丘の食事には、乞食《こつじき》と請食《しょうじき》とがあります。比丘の所持品は「三衣一鉢《さんねいっぱつ》」といって、三衣と食鉢《じきはち》とが主なものですが、このほかに坐禅のとき用いる坐具と漉水嚢とを加えて「六物」とも言っています。しかしこれは主な物を言うのでして、このほかに針や剃刀その他のものを持っていました。

比丘は乞食のために外出するときは、食鉢を所持して、これに食物を受けました。そして午前中に食事を終えるのですが、このほかに篤信の信者は、自宅に比丘を招待して、食事を供養します。これを請食といいます。この場合も、信者は自己の帰依する比丘や、知己の比丘を招待してもよいのです。しかし現前僧伽の比丘を公平に招待してもらうように、信者は招待を僧伽に申し出ます。そのさい現前僧伽の全員を招待してもらえば、これが一番望ましいのですが、財力のない人は、一人でも二人でも比丘を招待します。あるいは毎日二人、三人ときめて招待します。僧伽には「差次請食人」という知事比丘がおりまして、請食を申し出た信者の家に、比丘を順次に差し向けます。請食は一般に美食ですので、このようにして比丘たちが公平に食事を受けることができるように配慮されていました。この風習は、禅宗の僧堂生活に受けつがれています。

以上、原始仏教時代の僧伽の衣食住について簡単に述べましたが、僧伽の物質生活においては、利用の公平ということと、分配の平等ということとが、重要視されていたのであります。この利用の公平と分配の平等という点に、物の面における「和合僧伽」の理想が示されています。

以上は主として「比丘僧伽」について述べましたが、「比丘尼僧伽」の生活も、基本的には比丘の場合と同じです。僧伽は比丘僧伽と比丘尼僧伽との二つがあったのです。僧伽の生活の重要なことは、贅沢を排して、少欲知足の生活を行ないながら、しかし比丘たちの修行生活に障害がないように、衣食住の最低生活は保証されるように、僧伽の規則が整備されていたのであります。

2 僧伽の修行生活

(1) 出家の五衆

沙弥・沙弥尼・正学女

さきに、原始仏教時代の仏教教団を構成する人びとは、比丘衆・比丘尼衆・優婆塞衆・優婆夷衆の「四衆」であることを述べましたが、しかし詳しく言いますと、出家者には五衆を分けることができます。

その理由は、比丘・比丘尼は二十歳にならないとなることができないからです。そのために二十歳以前に出家を希望する者は、男子ならば「沙弥《しゃみ》」になり、女性ならば「沙弥《しゃみ》尼《に》」になるのであります。沙弥の最初は、釈尊が成道後数年たって釈迦族の国を訪れたとき、一子羅睺羅《らごら》を出家せしめて沙弥にされたのが最初だと言われています。このほかにも篤信の信者の家庭で、例えば伝染病などで両親が死んで、子供が孤児になったのを、僧伽が引きとって養育してやるという場合があります。親を失った子供が、比丘に非常になついているような場合、これを放置しておくことはむずかしいからであります。沙弥には十四歳になればなることができます。しかし特別な場合は七歳でもなることを認めています。沙弥になることを「出家」（パバッジャー）といいまして、沙弥から比丘になるのを「具足戒を受ける」（ウパサンパダー）といいます。

同様に二十歳以前に出家を望む女性の場合は沙弥尼になります。ただし女性の場合には、夫に死別した女性や、離婚した女性が比丘尼になることを望む場合があります。彼女らは二十歳になっていれば、直ちに比丘尼にしてよいわけですが、しかしかかる女性の場合には、妊娠している場合があります。妊娠している女性を比丘尼にするのは具合いが悪いので、比丘尼になる前に「正学女《しょうがくにょ》」という期間を二か年設けています。すなわち出家を希望する女性には、二年間の正学女の期間を与え、そのあとで比丘尼の具足戒を与えるのです。したがって十四歳ごろに沙弥尼になった女性が、比丘尼になることを希望すれば、十八歳で正学女になり、二十歳のとき比丘尼になることができます。

以上のように、比丘・比丘尼には年齢の制限があるために、出家者の中に沙弥・沙弥尼・正学女の期間ができることになりました。後世には比丘・比丘尼にこの三者を加えて、「出家の五衆」といいます。そして受持する戒律も、比丘は二百五十戒であるのにたいし、比丘尼は五百戒、沙弥・沙弥尼は十戒、正学女は六法戒であります。しかし比丘の二百五十戒、比丘尼の五百戒は大略の数を挙げたものです。

比丘尼の僧伽

このうち、比丘は釈尊が伝道を開始して、五比丘を教化された時にはじめてできました。その後、比丘の数は次第に増大しました。これにたいして、比丘尼の僧伽の成立はおくれます。

釈尊が成道後数年たって、はじめて釈迦国を訪れたとき、釈迦族の青年たちが多数出家して釈尊の弟子になったといいます。その後幾度か釈尊は釈迦国を訪れています。そのうちのある時、釈尊の養母であった大愛道瞿曇弥《だいあいどうくどんみ》が、釈尊に比丘尼の出家を願い出たのであります。しかし釈尊はかたくこれを拒絶されました。

その後釈尊は弟子たちとともに中インドに帰られ、毘舎離《びしゃり》の大林重閣講堂に止住しておられました。そのとき瞿曇弥は多くの釈迦族の女とともに、髪を剃り、袈裟衣をつけて、釈尊を訪ねて来ました。彼女らは長途の旅のために、足は腫れ、身は塵にまみれ、疲労のために苦悩悲嘆して、大林重閣講堂の門外に立っていました。

阿難《あなん》はそれを見て気の毒に思い、比丘尼の出家を許されるように、釈尊にお願いしました。しかし釈尊が許されませんでしたので、「もし女性が仏の教えのもとに出家し、修行すれば、預流《よる》・一来《いちらい》・不還《ふげん》・阿羅漢《あらかん》などの証果を得ることができますか」と、釈尊にお尋ねしました。釈尊は「阿難よ、もし女人が如来所説の法と律とにおいて出家すれば、預流・一来・不還・阿羅漢などの証果を得ることができよう」と答えられました。そこで阿難は、「女人が出家して、証果を得られるなら、女人の出家を許したまえ。瞿曇弥は釈尊の養母であり、哺乳母であり、大恩のあるかたです」とお願いしたので、比丘尼は「八敬《はちぎょう》法《ほう》」を受けるという条件のもとに、女人の出家が辛うじて許されたといいます。

釈尊は卓越した人類の教師でありましたから、釈尊在世には多くの名の知れた比丘尼が輩出しています。しかし釈尊滅後の比丘尼教団の消長は不明です。第一、第二結集の時の比丘尼僧伽の活動も伝えられていません。

しかしアショーカ王の時代に王女のサンガミッターが出家して比丘尼となり、他の八人の比丘尼とともにスリランカに渡り、スリランカに比丘尼僧伽を確立したことが『島史』に伝えられています。ゆえに紀元前三世紀以後、スリランカに比丘尼僧伽が存在しました。そして『高僧伝』巻三によりますと、四二九年ごろ師子国の比丘尼鉄薩羅など八尼が中国の建康に来たことを記していますから、スリランカの比丘尼僧伽はそのころは盛大であったのです。

その後もスリランカの歴史に、比丘尼僧伽のことが散見されますが、中ごろより見られなくなり、現在は、スリランカ、ミャンマー、タイ国等には比丘尼僧伽は存在しません。ただし沙弥尼は存在します。

(2) 比丘・比丘尼の具足戒

戒壇・具足戒羯磨・三師七証

上述のごとく仏教の僧伽は比丘僧伽と比丘尼僧伽との二つですが、比丘・比丘尼になるためには具足戒を受ける必要があります。この規則は釈尊在世の時代に制定せられたと思います。具足戒を受けるには、比丘の場合には十人僧伽で具足戒羯磨《こんま》を行なって受けます。ただし比丘を十人集めがたい辺地では、戒律の理解の深い比丘を加える条件で、五人僧伽でもよいことになっています。

なお比丘尼の具足戒の儀式は、まず十人の比丘尼より成る比丘尼僧伽で具足戒の儀式を行ない、さらに比丘の十人僧伽で具足戒の儀式を行なわねばなりません。ゆえに二回儀式を行なうのですが、しかし儀式の仕方は、比丘僧伽でも比丘尼僧伽でも同じですから、ここには比丘の具足戒の儀式を見ることにします。

比丘の具足戒の儀式は「戒壇《かいだん》」（戒場ともいいます）で行ないます。これは小さな結界でして、二十一人の比丘が入れる範囲の結界です。平地でもよいのですが、三層の壇になっている所もあります。日本では東大寺の戒壇は三層であり、筑紫の観世音寺の戒壇は一段です。この戒壇の結界は、さきの現前僧伽の結界と交差することは許されません。結界はそれぞれ独立だからです。ゆえに戒壇は、現前僧伽の結界の外部に作るか、あるいは現前僧伽の中に作る場合には、戒壇の周囲を「空地」でかこみ、現前僧伽の結界の内側と、その中にある戒壇の結界とが接触しないようにします。

この結界（戒壇）の中に十人の比丘が集まって会議をすれば、それは十人の比丘の自治による決議になるのです。僧伽の会議は、結界内の比丘が全員集まることが条件でありまして、さらに全員が決議に賛成することが必要です。界内の比丘が全員一致で決議に賛成するところに、「和合僧」の意味があります。一人でも反対すれば、議事を決定することはできない規定になっています。いまこの具足戒の議決の場合は、十人の比丘がすべて、その比丘に具足戒を与えることに賛成することが必要です。

具足戒の議事決定を「具足戒羯磨」といいます。具足戒羯磨を行なう十人の比丘は「三《さん》師七証《ししちしょう》」といいまして、和尚と羯磨阿闍梨《あじゃり》・教授阿闍梨の三師と、この具足戒の羯磨が正しく実行されたことを証明する七人の比丘とであります。

和尚は、新受戒者の身許引受人でありまして、新受戒者が僧伽に入ってから、責任を持って彼を教育する比丘であります。羯磨阿闍梨は、この会議を主宰する議長の役をする人、教授阿闍梨は新受戒者が、入団を許可されないような難点を持っていないか否かを調べる比丘です。

七証は、新受戒者が戒を受けた儀式が正しかったことと、さらに戒を受けた年月日や時間などを正しく記憶していて、これを証明する比丘です。二千年以前のインドには、まだ戸籍はありませんでしたし、戒牒《かいちょう》などもありませんでしたから、受戒を証明するのは、この儀式に出席した十人の比丘であります。比丘は具足戒を受けた時の前後によって、臘《ろう》次《じ》がきまりますから、戒を受けた年月日だけでなく、受戒式の完了した時間も重要です。仏教の僧伽においては、出家する時に、それまでの階級や家柄、家族、財産などをすべて捨てて、ただ「仏弟子」という資格のみによって出家します。そして出家してからの僧伽の中での長幼の順序は、具足戒を受けた時の時間の前後によってきまります。そのために、受戒の日時を証明してもらうことが重要になります。

白四羯磨——授戒の実際

次に具足戒の儀式は「白四羯磨《びゃくしこんま》」の作法で行なわれます。これはまず羯磨師が、新受戒者の僧伽入団を許可してもよいかどうか、という議題を提案します。これを「白《びゃく》」といいます。次に教授師を選任します。そして教授師は新受戒者を結界の外につれていって、障《しょう》法《ほう》がないかどうかを調査します。

すなわち新受戒者が、親の許可を得ていないか、年が二十歳に満たないか、衣鉢を持たないか、負債があるか、王臣、奴隷、犯罪者、伝染病者、男女両性をそなえる人、黄門（性的能力のない者）、五逆罪を犯した人、その他、種々の障法があり、それらに該当する者は比丘になることは許されません。教授阿闍梨はそのことを調査して、僧伽に報告します。羯磨師は、この教授師の報告にもとづいて、さらに羯磨師が自ら十人僧伽の面前で、新受戒者に障法の有無を質問し、障法のないことを確認して、羯磨を行ないます。

羯磨とは議題について可否を問うことでありまして、この場合は、受戒希望者が、和尚があり、衣鉢を完具しており、その他の障法が存在しないから、僧伽入団の条件をそなえていることを述べ、この者に具足戒を与えてもよろしいか、どうか、賛成の人は沈黙せよ、反対の人は発言せよ、と賛成か反対かを問うのです。この羯磨を三回くり返して質問します。それでも反対意見を述べる比丘がない場合、十人の僧伽の全員が、受戒希望者の僧伽への入団に賛成であることが表明されたことになります。それを見とどけて、羯磨師はこの羯磨は可決されたことを宣言します。これを「羯磨を結する」といいます。

このように「白」をなし、つぎに三回羯磨をする議決方法を「白四羯磨」といいます。

受具足戒羯磨は白四羯磨の一種です。以上の羯磨が終わったあとで、羯磨師は受戒希望者に、「汝の受具足戒」は成立し、比丘になったことを告げます。

そして二百五十戒のうち、四波羅夷罪《はらい》を説いて聞かせます。波羅夷罪を犯すと僧伽から追放されますから、とりあえず、この四条を犯さないように教えるのです。それから比丘生活の心得として「四依」を説いて聞かせます。四依とは、衣・食・住と薬とをいいます。衣は糞掃衣《ふんぞうえ》、食は乞食《こつじき》、住は樹下住、薬は陳棄薬《ちんきやく》でして、比丘は終生この四つを理想として、修行生活をなすべきことを教えます。そしてそれ以外の細かな心得は、和尚が汝に教えるであろうと伝えます。これで具足戒の儀式は終わります。

新受戒者は和尚の共住弟子となり、和尚に仕えつつ、戒律や坐禅、誦経、行儀作法などを習い、修行を行ないます。

(3) 二百五十戒

二百五十戒を集めたものを「波羅提木叉《はらだいもくしゃ》」といいます。また「戒本」「戒経」などともいいます。比丘になるとこの二百五十戒を守りますが、「具足戒を受ける」ことの中に、この意味が含まれています。そして優婆塞の五戒や沙弥の十戒を受けている人でも、具足戒を受ける時には、改めて三帰依・五戒・十戒を受け、さらに具足戒を受けることになっています。

比丘の波羅提木叉は二百五十戒、比丘尼の波羅提木叉は五百戒といいますが、ここに二百五十戒の内容を簡単に示すと次のごとくです。

比丘の波羅提木叉は八段に分かれています。第一は波羅夷《はらい》法四条です。波羅夷とは「悪魔に打ち負かされた」の意味に解釈され、波羅夷を犯すと、僧伽から追放され、再び復帰することは許されません。これに、婬を犯す、人間を殺す、五銭以上の物を盗む、悟らないのに悟ったと嘘を言うことの四条があります。

第二は僧残《そうざん》罪十三条で、これを犯すと、現前僧伽で裁判を行ない、七日間の謹慎を課せられます。如法に謹慎を行なえば七日後に、僧伽は出罪羯磨《しゅつざいこんま》を行ない、罪は解除されます。僧伽が罪を判定しますので「僧残」といいます。この中には、性に関することや、清浄比丘を波羅夷罪で誹謗すること、破僧を企てること等が含まれています。

第三は不定《ふじょう》法二条で、これは比丘が女性と二人で坐していたのを見つけられた場合で、発見者の証言によって罪がきまりますので、不定といいます。

第四は捨堕《しゃだ》法三十条です。これは比丘の所有物に関する規則で、三衣や鉢などの所有を許されている物でも、余分に所有することや、不正な入手が禁止され、金銀のごとく所有を禁止された物の所有、売買・交易の禁止などが規定されています。

第五は波逸提法《はいつだい》九十条、あるいは九十二条です。『パーリ律』や『僧祇律』は九十二条ありますが、『四分律』『五分律』『十誦律』などでは九十条です。これは、妄語や両舌などの道徳で禁止されること、僧伽の秩序に従わないこと、食物や衣の入手の規則など、種々の問題が含まれています。「波逸提」とは、地獄に落ちる罪と解釈されています。

第六は波羅提提舎尼《はらだいだいしゃに》四条です。波羅提提舎尼とは「対首懺《たいしゅさん》」と訳し、一人の比丘前に懺悔すれば浄められる罪です。これは、受けてはならない食物を受けて、食べてしまった場合で、四条あります。

第七は衆学法《しゅがく》でして、『四分律』では百条、『五分律』では百一条、『パーリ律』は七十五条、『僧祇律』は六十六条など、諸律間の不一致があります。そのために諸律の条文の数が一致しませんが、この衆学法を除けば、諸律の相違は二条のみであり、ほぼ一致していると言ってよいものです。衆学法は、乞食の仕方や、説法の仕方、そのほか行儀作法に関係する規則を集めたものです。戒律としては補足的な規則です。

第八は滅諍法《めつじょう》七条です。滅諍法とは、僧伽に諍いが生じた場合に、僧伽の長老比丘はこの七種の滅諍法によって、遅滞なく諍いを解決しなければなりません。もし長老比丘たちが、解決方法を誤った場合に、悪作《おさ》罪になることを示したものです。

以上、比丘の波羅提木叉は八段に分かれ、『パーリ律』で二百二十七条、『四分律』で二百五十条あり、他律もこれにほぼ近いものであります。

(4) 雨安居

さきに布薩に波羅提木叉を誦出することを言いましたが、比丘の現前僧伽の布薩は半月に一回です。現前僧伽の比丘は病人などの出席できない者を除いて、全比丘が出席します。無断欠席者があると、界内僧の「和合」が成立しないからです。

この半月一回の布薩と並んで、比丘僧伽の重要な行事に雨安居《うあんご》があります。雨季四か月間は豪雨が降りますので、草木も勢いを増し、獣類や毒蛇・毒虫なども活発に活動し、河川も増水し、橋もないので、雨季の旅行はきわめて危険です。そのために比丘たちも雨季は遊行をやめて、精舎に止住し、戒律や経典を集中的に学んだり、あるいは坐禅をなし、法の観察をしたりします。

雨安居は四月十六日から七月十五日までの三か月間を前安居とし、これに参加できない比丘は、五月十六日から八月十五日までの後安居を修します。前安居の比丘は四月十五日までに、目的の精舎に到着し、安居僧を結団し、人数に応じて、房舎の分配をします。安居の間は修行に専心しますから、食事なども信者が精舎に運んでくれます。安居が終われば、自恣《じし》の行事を行ないますが、これがお盆の行事のはしりです。

三か月間共同生活をしますから、その間には気まずいことや誤解も起こりがちです。そのために自恣の行事では、比丘が一人ずつ大衆の前に出て、全員の比丘から忌憚のない意見や不満・非難などを聞いて、懺悔や反省を行ない、相互のわだかまりを捨てて、新しい修行に出発するのです。安居を終わると法臘一歳を増します。ただし安居を行なわなくとも、法臘を失うことはないとも言われます。

安居の後には、そこで安居をした安居僧のために、信者から布の布施があります。安居僧は布施を受けて、これを公平に分配して、三衣を新調します。この時、僧伽が迦絺那衣《かちなえ》を受ける儀式をしますと、五つの戒律を解除されますので、布を集めることが容易になります。迦絺那とは衣を作るときに布を張る木の枠のことであるといいます。この迦絺那を用いて、全比丘が協力して、一日で衣を作って、安居中とくに精進した比丘に与えます。迦絺那衣を受けるのは、五つの戒律を免除されて、衣の布施を受けやすいようにすることが目的です。

なお安居は四月十六日から七月十五日までですが、インドの暦では、雨季が始まるのは六月に入ってからでして、雨季が終わるのは十月です。ゆえに四月十六日では実際の雨季の開始に合わないわけですが、これは中インドの正月が太陽暦の三月にあたりますので、これを正月として暦を計算しますので、安居の始まりが四月十六日になるのです。

僧伽の重要な儀式としては、具足戒羯磨、布薩羯磨、入雨安居羯磨、自恣羯磨などでして、そのほかには、衣や食、その他必要物の入手の仕方、戒律や教法の学習、坐禅の実習などを学ぶことです。そのためには和尚のもとを離れて、それぞれの阿闍梨について習学しますが、その時は和尚の指導を離れますので、移住した精舎で、依止の阿闍梨を選んで、この阿闍梨に依止し、その指導のもとに生活します。ただし法臘十歳になれば、依止する必要はありません。

3 在家信者

在家信者は男性は優婆塞（ウパーサカ）、女性は優婆夷（ウパーシカー）といいます。ウパーサカは「侍《はべ》る人」という意味で、「近事《ごんじ》」と訳します。比丘に仕え、比丘の生活必要品を布施し、その指導によって修行する人です。

優婆塞・優婆夷は三帰依を受ければ、その資格を得るのです。しかし三帰依を受けて、さらに五戒を受けなければ、優婆塞の資格を得ることはできないという説もあります。しかし部派仏教の時代には、多くの部派は三帰依を受ければ優婆塞であり、五戒は受けなくともよいと解釈しています。そのために、五戒の一戒、ないし四戒を受けることを認めています。これは五戒をすべて完全に守ることは困難だからです。ゆえに自分が自信をもって守れる戒のみを受けるわけです。

五戒は、生物を殺さないこと、物を盗まないこと、よこしまな性関係を結ばないこと、嘘を言わないこと、酒類を飲まないことの五つでして、自己の良心に誓って、これを破らないことを誓うのです。

在家信者はなおこのほかに、斎日に八斎戒《はっさいかい》を受けます。信者の布薩は八日・十五日（十四日）・二十三日・三十日（二十九日）でして、この日は午後は食事をなさず、禁欲生活をなして、出家者と同じ生活をします。しかしもちろんこれは義務ではありませんから、望む人だけが受けます。これは一日一夜の戒であります。

比丘は乞食生活によって生活し、農業をしたり、商売をしたりすることは禁じられています。この点、禅宗が作務《さむ》を行なうことを重要な徳目としているのと異なります。

このように出家者は布施によって生活しますから、この僧伽の生活を支持するのは在家信者であります。南方仏教の信者にはこの自覚が強く意識されています。南方上座部の仏教は「僧宝」中心の仏教でして、比丘たちも戒律を厳しく守って、清純な僧宝の維持に努力しますが、同時に在家信者も財物を惜しげもなく布施して、僧宝の維持を助けるのであります。一言で言えば、上座部の仏教は、僧を尊敬し、僧を礼拝する仏教であります。

三　大乗仏教の教団

1　在家菩薩と出家菩薩

十善戒

南方上座部の仏教は「僧宝」の仏教ですが、これにたいして大乗仏教は「仏宝」の仏教であるということができます。大乗経典に現われる仏陀は、自由自在に神通神変《じんずうじんぺん》を現わして、巨大な身体や無量の光明を現じ、衆生を救済する仏陀です。しかも釈迦仏だけでなく、阿弥陀仏や毘盧舎那仏、その他多くの仏陀が現われています。そして菩薩も文殊菩薩や観音菩薩・弥勒菩薩など、一生補処《いっしょうふしょ》の大菩薩が活躍し、諸仏の仏国に往詣して仏事を行じ、仏国土を浄めて、菩薩行を完成しています。

阿含経に現われる人物は、釈尊にしても、舎利弗《しゃりほつ》などの仏弟子、あるいは給孤独《こどく》長者などの在家信者でも、すべてわれわれとあまり変わらない普通の人間であったのですが、大乗仏教においては、大乗経典に現われる仏・菩薩と、その経典を受持する大乗仏教の信者（善男子・善女人）との間には、大きな隔たりがあると思うのです。

大乗仏教の信者は、出家菩薩にしても在家菩薩にしても、経典の中に現われる大菩薩たちとは違うのでして、われわれとそれほど変わらない人間であるわけです。すなわち大乗経典の中には、仏陀にならって大菩提心をおこし、六波羅蜜を行じて、三阿僧祇劫の修行をする菩薩が説かれていますが、現実の世の中にはそんな烈しい修行をしている菩薩は、全くないとは言えませんが、大部分の善男子・善女人は「信者」であったわけです。すなわち現実の出家菩薩は「塔寺」に住して、仏塔や仏像を礼拝し、経典を読誦し、あるいは塔寺から阿蘭若《あらんにゃ》に退いて、種々の三昧を修し、禅定の中で諸仏の浄土に遊び、修行を修していたわけです。そして塔寺においては、彼らは仏塔を礼拝する巡礼者たちを案内し、仏徳讃嘆の説法をして、信者たちを大乗仏教の信仰に導き入れていたのです。そして信者の仏塔への布施や供養によって、生活していたのであります。

これにたいして在家菩薩は、三帰依をなすことによって仏教の信者となり、あるいは五戒を受けます。とくに彼らは仏塔に往詣して、出家菩薩の大乗の教えを聞き、大乗仏教に信をおこし、浄土往生を願ったり、あるいは大乗の三昧を修したりします。とくに熱心な信者は阿蘭若に住して、出家菩薩に伍して、烈しい三昧の修行もしたと思います。

初期の大乗仏教においては、在家菩薩と出家菩薩との間に、厳密な区別はありませんでした。般若経に説く六波羅蜜の中の「戒波羅蜜」の教理は「十善戒」でありまして、十種の悪徳を離れることを説いています。

十善戒とは、身三・口四・意三といいまして、身の三とは、殺生・盗み・邪婬の三種の悪徳を離れること、口の四とは、妄語・両舌《りょうぜつ》・悪口《あっく》・綺語《きご》の言葉に関する四種の悪を離れること、意の三とは貪《とん》欲・瞋恚《しんに》・邪見の三種の悪を離れることであります。この際の「離れること」に、十種の悪を離れようと「誓う」心がありまして、これが「戒《シーラ》」であります。この誓いによって、自律的に悪を離れる努力がおこるからです。

このうち、身の三のうちの「邪婬」は、男女の不正な性関係を離れることでありまして、「他人の妻に近づくな」という形で表現されています。ゆえにこれは明らかに「在家者の戒」であります。この際、般若経の戒波羅蜜には、十善戒が説かれるのみでありまして、特別に出家菩薩の戒は説かれておりません。それゆえ、在家菩薩が家を出て、出家菩薩となる時には、「邪婬戒」を捨てて、「禁欲」を誓うのであります。『大品般若経』には、これを「童真地《どうしんじ》を得る」と表現しています。「童真」とは禁欲を守って修行する菩薩を言うのであります。

十善戒につきましては、『十地経』の十地の第二地を「離垢地《りくじ》」といいますが、離垢地とは戒を守って心の垢を離れる意味です。この離垢地で、菩薩は十善戒を受けることが説かれています。『十地経』の十善戒でも「邪婬戒」は、「自の妻妾で満足し、他人の妻に近づかない」と説明されていまして、これが「在家戒」であることを示しています。

比丘か菩薩か

このように初期の大乗仏教は、在家菩薩と出家菩薩との区別はありましても、その区別は厳密ではありません。しかも菩薩を、さきの仏法僧の三宝の中の「僧伽」の仏教と比較しますと、在家菩薩だけでなく出家菩薩も「在家」の範囲に入るのであります。なぜならば、出家菩薩といえども、「具足戒」を受けていないからです。もし菩薩が具足戒を受けたいと思えば、部派仏教の「戒壇」で、十人の比丘よりなる僧伽で具足戒を受けなければなりません。結界でかこまれた戒壇で、白四羯磨による作法で具足戒を受けなければ、正統仏教で認める「比丘」ではないのです。そしてこの戒壇で具足戒を受ければ、その戒壇の所属する部派の比丘になるわけです。

なぜならば、パーリ上座部の具足戒を受ければ、二百二十七条よりなる「波羅提木叉」を受けるのでして、この戒を守ります。ゆえに半月一回の布薩にも上座部の布薩に参加するのです。同様に法蔵部《ほうぞうぶ》の戒壇で具足戒を受ければ、二百五十条よりなる波羅提木叉を実行します。化地部《けじぶ》の戒壇で戒を受ければ、二百五十一条よりなる具足戒を受けますし、大《だい》衆部《しゅぶ》の戒壇で戒を受ければ、二百十八条よりなる波羅提木叉を受持するのです。さらに説《せっ》一切有部《いっさいうぶ》の戒壇で戒を受ければ、二百六十三条（ただし広律では二百五十七条）の波羅提木叉を受持するのであります。

以上のように部派によって、それぞれ波羅提木叉の条文の数が異なるのでして、したがってそれぞれの部派の戒壇で具足戒を受ければ、必然的にそれぞれの部派の「僧伽」に所属する比丘となるのです。

そして初期の大乗仏教には、まだ大乗仏教独自の「波羅提木叉」は成立していませんでしたし、さらに大乗の塔寺に、具足戒を受ける「戒壇」があったことも知られていません。すなわち初期の大乗の教団には、具足戒を受ける儀式はなかったと思うのです。

しかし『大智度論』の時代（四世紀ごろ）になりますと、大乗教団にも部派仏教から波羅提木叉が持ちこまれたようです。そして『大智度論』には「二百五十戒」ということがしばしば説かれています。しかし「二百五十戒」は、たまたま法蔵部の『四分律』の波羅提木叉の戒条と合致しますが、しかし『大智度論』では法蔵部でなしに、明らかに説一切有部の波羅提木叉を「二百五十戒経」と呼んでいる場合があります。ゆえに大乗仏教独自の戒経があったとは見がたいのであります。もしそれがあれば、そういう戒経が中国にも伝訳されてよいわけですし、大乗仏教の受持した二百五十戒の条文解釈である「広律」の存在も、中国に知られてよいと思うのです。しかしそういう情報は、中国にはまったく伝えられていませんから、二百五十戒を中心とする「大乗律典」があったとは考えがたいのであります。

それゆえ、初期の大乗仏教で、もし菩薩が部派の戒壇で具足戒を受けて比丘になれば、その部派の僧伽に所属することになり、その部派の精舎に住し、その部派の布薩や安居に参加することになりまして、大乗仏教の「塔寺」に住することはできませんし、したがって「菩薩」の身分も失われるのです。

以上のごとくでありますから、初期の大乗の教団では、菩薩は在家・出家ともに「十善戒」を受持し、出家菩薩は特に「童真」となって禁欲を守り、塔寺や阿蘭若に住し、烈しい菩薩としての修行をしていたのであります。すなわち仏陀も菩薩もともに、三宝の区別で言えば「仏宝」の中に属していたと言うことができます。したがってそこには、仏宝と並ぶ「僧宝」があったのではありませんから、三宝の解釈にも、仏宝を中心とする「一体三宝」の教理が説かれるようになったのであろうと思います。

2　『瑜伽論』の三聚浄戒

出家菩薩の生活

以上のごとく、般若経や『十地経』には「十善戒」が説かれていまして、これが初期大乗仏教の代表的な戒であります。しかし十善戒だけでは、条文の数も少なく、欠けている点もありますので、その後にできた大乗経典には、十善戒を最初に出しながらも、不足した点を補足して、条数の多い戒が説かれています。そしてそれらの大乗経典の種々の戒を総合的にまとめたものが『大集経《だいじっきょう》』の「無尽意《むじんに》菩薩品」の六十四条よりなる「菩薩戒聚」であります。さらに『十住毘婆沙論《じゅうじゅうびばしゃろん》』にも、在家菩薩の戒、出家菩薩の戒、在家出家の共戒などが説かれています。そして独立の大乗戒の経典として、『優婆塞戒経《うばそくかいきょう》』の「六重二十八失意罪」や『梵網経《ぼんもうきょう》』の「十重四十八軽戒」などが説かれています。これらは「大乗戒」の経典です。

これにたいして、大乗戒の中に律蔵を採り入れた経論が大乗仏教の中に現われてきます。その理由は、大乗の十善戒には出家菩薩の生活規範が含まれていないからです。すなわち出家菩薩が生活をするに際して、衣食住をどうするかという問題です。

このうち「住」については、「塔寺」を住居としていたことが、多くの大乗経論に説かれています。そして修禅の場所として「阿蘭若処」に住していたことも、『十住毘婆沙論』その他に説かれています。ゆえに出家菩薩の住居については、かなりはっきりしています。

つぎに出家菩薩の「食」につきましては、部派仏教の比丘と同様、「乞食《こつじき》」によっていたと思います。そのことは『華厳経』の「浄行品」に具体的に示されています。当時の中インドの出家者にとっては、比丘としての乞食生活が一般的でありました。中インドは広く米作が行なわれ、米の収穫が豊富でありました。しかも米飯を炊いても、暑熱の厳しい所ですから、腐敗するのも早いのです。しかも伝染病もありますから、食事の時にご飯を炊いて、食事をすませると、残ったご飯は捨てる習俗があったようです。朝炊いたご飯を晩たべることは、腐敗している危険があるので、避けたのであります。そのために朝食がすんだころに、比丘が町に出かけて行けば、食物をもらうことは困難ではなかったのです。そのために釈尊が出家したころの中インドには、乞食によって修行生活をする宗教者が多かったのであります。これが「比丘」であります。したがって大乗の出家菩薩も、出家生活をするとすれば、乞食生活をすることは極めて自然であったわけです。

第三に「衣」については、これも袈裟衣をつけることが、大乗の出家菩薩にも自然に採用されたと思います。袈裟衣は、出家者のために、仏陀が制定された衣だからであります。大乗でも在家菩薩は白衣《びゃくえ》を着ていたと思います。これにたいして菩薩が出家すれば、在家と異なることを示すために、仏陀の制定した袈裟衣を着たのです。その際、安陀会《あんだえ》（下衣・五条袈裟）・鬱多羅僧《うったらそう》（上衣・七条袈裟）・僧伽梨《そうぎゃり》（外衣・九条ないし二十五条衣）の三衣は、同じく仏陀の制定した三種の衣ですから、出家菩薩にも採用されたと見てよいと思います。

そのほか、出家菩薩にも和尚や阿闍梨があったことも、大乗経典に説かれています。さらに月の十五日に布薩の集会をすることも、般若経などに説かれています。中インドでは、満月と新月の晩に集会をすることは、婆羅門をはじめ、沙門にも古くから行なわれていましたので、釈尊もこれを採用されて、とくに比丘たちに、これを波羅提木叉を誦出する集会とされたのであります。しかし菩薩の集会には、波羅提木叉の誦出はありませんでした。『道行《どうぎょう》般若経』の巻首には、弥勒《みろく》菩薩や文殊《もんじゅ》菩薩が月の十五日説戒の時に、仏陀が須菩《しゅぼ》提《だい》に「今日は菩薩大会《だいえ》であるから、諸菩薩に因りて、般若波羅蜜を説こう」と言っておられます。すなわち十五日説戒（布薩）の日に仏陀が般若波羅蜜を説かれたと言っています。ただしここに出る弥勒菩薩は在家菩薩の代表でして、文殊菩薩は出家菩薩の代表でありす。ゆえにこの二人の菩薩が一緒に布薩をするということは、初期の般若教徒の間では、在家と出家の区別が厳しくなかったことを示していると思います。

次に出家菩薩が雨安居をしたかどうかは、大乗経典には記述が見当たりません。しかし雨季に遊行することは困難ですから、おそらく出家菩薩も雨季には安居をしたと見てよいと思います。

三聚浄戒とは

以上のごとく、出家菩薩の生活は部派仏教の比丘の日常生活と共通点が多いですから、比丘の二百五十戒も、出家菩薩に身近かに感じられるようになるのは自然の成り行きでありろ。しかも出家菩薩の中には、部派仏教の比丘から転向した人もあったでしょうから、二百五十戒を学習する便利もあったわけです。

このようにして大乗戒の中に取り入れられたのは、三聚浄戒《さんじゅじょうかい》の思想です。これは『菩《ぼ》薩地持経《さつじじきょう》』や『菩薩善戒経』、『瑜伽師地論《ゆがしじろん》』の「菩薩地」にほぼ同文で説かれています。三聚浄戒には、別の説もありますので、これを「瑜伽戒《ゆがかい》」と呼んでいます。

三聚浄戒とは、律儀戒《りつぎかい》（摂律儀戒《しょうりつぎかい》ともいう）、摂善法戒《しょうぜんぼうかい》、摂衆生戒《しょうしゅじょうかい》（饒益有情戒《にょうやくうじょうかい》）の三種の戒です。

第一の律儀戒はあらゆる悪を遠離する戒、つまり一切の悪を行なわないと誓うことです。そして瑜伽戒では、その内容を「七衆の別解脱戒である」と説いています。七衆とは出家の五衆と在家の二衆です。ゆえに出家の菩薩が律儀戒を受ける時には、比丘の波羅提木叉、すなわち二百五十戒を受けるのです。女性の出家菩薩が律儀戒を受ける時には、比丘尼の波羅提木叉を受けるのです。しかして、比丘・比丘尼の波羅提木叉は、それぞれの部派仏教で条文の数が違いますから、どの部派の波羅提木叉を受けるかを選定しなければなりませんが、この摂律儀戒にはこの点については何も言っていません。

三聚浄戒の第二は摂善法戒です。これはあらゆる善を実行しようと誓うことです。『瑜伽論』には十七種の善の行為を挙げています。

第三の摂衆生戒は、あらゆる衆生を済度せんと誓うことです。『瑜伽論』には十一種の相を示しています。

『瑜伽論』の三聚浄戒では、第一の律儀戒は七衆それぞれの戒を受けますので、在家菩薩は在家の五戒を受けるわけです。しかし次の摂善法戒と摂衆生戒とは、菩薩の七衆すべてが同じ戒を受けるのです。

『瑜伽論』などでは、次に三聚浄戒の受戒作法を説いています。三聚浄戒の受戒作法は、在家・出家の菩薩ですべて同じです。第一に菩提心を発した菩薩がこの戒を受ける資格があります。そしてすでに菩薩戒を受持している菩薩の所へ行って、菩薩戒の授戒師となってもらいます。ゆえに戒師は一人であります。そして仏像の前において、十方現前の諸仏諸菩薩より戒を授けてもらいます。さきの授戒師の菩薩がそのように羯磨文を誦出します。この羯磨を三説することによって、三聚浄戒の菩薩戒の受戒が成立し、菩薩戒の戒体《かいたい》が得られ、受戒者はすなわち菩薩となります。

この菩薩の三聚浄戒は、第一の律儀戒は声聞戒と内容は同じでありますが、しかし菩薩の菩提心を発し、この戒を十方現前の仏・菩薩から受ける点に違いがあります。そして声聞戒は、止悪門《しあくもん》の律儀戒だけですが、菩薩戒はさらに、作善門《さぜんもん》の摂善法戒と摂衆生戒とをあわせて受けるのでして、ここに菩薩戒の広い立場があります。

なお『瑜伽論』では以上の三聚浄戒を説明したあとに、「四重四十三犯事《ぼんじ》」よりなる「菩薩戒」を説いています。この「四重四十三犯事」は、『瑜伽論』主が諸大乗経典中に菩薩戒として説いているものを総集したものであると説いています。その内容は『梵網経』の「十重四十八軽戒《きょうかい》」と合致するものが多数に見られます。そしてこの菩薩戒は、すでに菩薩戒を受持している菩薩から受けるのが正式ですが、かかる菩薩に会うことができなければ、仏像前で「自誓受戒《じせいじゅかい》」をすることもできると言っています。

以上の三聚浄戒を「瑜伽戒」と呼びますが、『瑜伽論』は玄奘《げんじょう》が翻訳しましたので、七世紀に中国に訳されました。しかし『菩薩地持経』と『菩薩善戒経』とは五世紀のはじめに中国に伝わりました。とくに曇無讖《どんむしん》の訳した『菩薩地持経』の三聚浄戒は、内容は『瑜伽論』の三聚浄戒とほぼ同じですが、五世紀のはじめに訳出されましたので、菩薩戒の最初のものとして、中国仏教に大きな影響を与えました。しかしのちに梵網戒が盛んになるにつれて、勢力を失いました。

3　梵網戒と『瓔珞経』の三聚浄戒

上記の『菩薩地持経』の菩薩戒は翻訳されると、中国の北部を中心にして、敦煌《とんこう》までも広まり、本格的な菩薩戒として中国仏教に大きな影響を与えました。しかしこの戒は三聚浄戒の律儀戒に声聞の別解脱律儀を当てはめていますので、純粋の大乗戒とは言いかねる点があります。これにたいして、鳩摩羅什《くまらじゅう》（三四四―四一三年ごろ）の訳とされる『梵網経』の戒は、純粋の大乗戒であるために、次第に梵網戒が中国仏教で勢力を持つようになりました。

大乗の『梵網経』二巻は、羅什の訳出とされていますが、大正末期以来、これを中国撰述と見る説が有力となりまして、現在はほぼこれが定説となっています。しかししさいに見るならば、なお検討すべき点があると思います。そしてまた江戸時代までは、この経はインド撰述の大乗経典として信奉され、中国・日本の仏教に大きな影響を与えました。

この『梵網経』の下巻が「菩薩戒本」と呼ばれ、「十重四十八軽戒《じゅうじゅうしじゅうはちきょうかい》」を説いています。しかもその中に受戒作法も説かれ、半月ごとに布薩をなすことも説かれ、内容が整っていますので次第に重要視されるようになりました。とくにその巻初に、この戒は一切菩薩の本源、仏性種子《ぶっしょうしゅうじ》であることを説き、「衆生仏戒を受くれば即ち諸仏の位に入る」とも説かれ、華厳の性起《しょうき》の思想ともつながりが見られ、大乗仏教としては重要な経典であります。ただしこの経には「三聚浄戒」の語がありませんので、利他の思想を欠いております。その点で『菩薩地持経』の菩薩戒より足りない点があります。そのためにこの欠点を補うためか、『菩薩瓔珞本業経《ぼさつようらくほんごうきょう》』二巻が現われました。この経も中国撰述と見られています。この経の中に、梵網の十重戒を摂律儀となし、八万四千の法門を摂善法戒となし、慈悲喜捨《じひきしゃ》の四無量心《しむりょうしん》を摂衆生戒とする「三聚浄戒」が説かれ、梵網戒と同様に中国仏教で重要視されました。

『梵網経』には、和上・阿闍梨の二師を請じて、仏像前において梵網戒の受戒をなす作法が示されていますが、のちに天台大師智顗《ちぎ》(五三八—五九七)がこの「梵網戒経」を重要視しまして、『菩薩戒経義疏』という註釈を著わしまして、梵網戒を大いに宣揚しました。そのために、梵網戒は大乗戒の代表として、中国仏教で重要な位置を占め、天台宗を中心として広く仏教界で実践されました。

この梵網戒の受戒作法を明かす『授菩薩戒儀』がありますが、これは『観普賢菩薩行法経』に説く受戒作法を受けて、釈迦如来を「戒和上」に請じ、文殊菩薩を「羯磨阿闍梨」に請じ、弥勒菩薩を教授阿闍梨とし、一切如来を尊証師となし、一切菩薩を同学等侶として請じ、三聚浄戒を受ける規模の雄大な授戒作法であります。日本にも最澄によって将来され、天台宗、浄土宗、曹洞宗などに受けつがれて、実践されてきました。

4 律宗の戒――中国・日本に触れて

中国・日本の戒律としては「律宗」の戒が重要ですので、簡単に一言します。中国に仏教が伝えられたのは、後漢の明帝の時代であると伝えられますが、経論が訳出されるようになったのは、西紀一五〇年ごろに洛陽に来た安世高《あんせいこう》や支婁迦讖《しるかせん》の時代からです。しかし戒律の伝来はおくれまして、戒本などが訳出されても、訳文が晦渋で理解されませんでしたが、羅什が長安に来て、多くの大乗経典を訳出し、あわせて『十誦律』を訳出しましたので、ようやく律蔵の内容が分かるようになりました。

つづいて『四分律』が四一二年から四一三年に訳出され、さらに『摩訶僧祇律』、『五分律』が訳出されて、中国の律蔵の知識は豊富になりました。四三〇年ごろには南林寺に戒壇があったと言われますから、その当時には十人僧伽によって、戒壇上で具足戒を授ける作法も実行されていたのです。

中国では最初は羅什の訳した『十誦律』が研究されましたが、次第に『四分律』の律典としての優れた点が認められ、とくに光統《こうず》律師慧光《えこう》（四六八―五三七）が『四分律』の研究を盛んにしたことから、次第に『四分律』が学習されるようになり、四分律宗が形成されていきます。とくに慧光より三代目の智首《ちしゅ》（五六七—六三五）と、その弟子の道宣《どうせん》（五九六—六六七）が、多くの著作を著わし、四分律宗の教理を組織しました。

律宗は律蔵を研究し、僧徒の生活上の律の規則や、二百五十戒の条文の意味を明らかにし、それを実践し、戒律にもとづく僧徒の生活規範を解明することを目的としています。戒律を如法に実行することが、律の目指すところです。ゆえに大乗とか小乗とかという教理には関係がないのです。そのために道宣は「律儀の一戒は声聞に異ならず」といいまして、戒律には大乗・小乗の区別はないことを主張しました。そのために彼は「三聚浄戒」も説かないのであります。律は釈尊の制定されたものであるから、大乗教徒もこれを守るべきであると主張しているのであります。

ただし道宣は、大乗の菩薩は、大乗の修行を決意して、律を受持するので、受戒の時に阿頼耶識に成ずる善の種子を戒体として発得すると主張しました。このように道宣は大乗仏教の立場で戒体を説いたので、小乗仏教で戒体を説く相部宗や東塔宗を淩《しの》いで、道宣の南山《なんざん》宗のみがひとり栄えました。中国仏教はこの律宗の戒律によって修行生活をなし、あわせて梵網戒を受けて、大乗の修行理念を明瞭にしていたのであります。

この道宣の開いた南山律宗が鑑真《がんじん》（六八七—七六三）によって、聖武太上天皇の時代（七五四）に日本に伝来し、東大寺の大仏殿の前に戒壇を築き、授戒が行なわれたことは有名です。それ以後、日本にも四分律宗にもとづく具足戒の作法が行なわれるようになりました。しかし日本では、律の実践は間もなく衰えました。

このように律宗は、大乗小乗の区別を説かないのでありますが、これより少しおくれて最澄《さいちょう》（七六七—八二二）によって伝えられた梵網戒は、明白に大乗戒の自覚に立つ戒でありまして、律宗とは思想的に次元の異なる戒思想であります。次元が異なるので、中国では、律宗と菩薩戒とは協調し、相補って実修されたのでありますが、日本においては最澄が梵網戒を律と同じ「生活規範」としましたので、梵網戒は律宗の律と競合することになり、烈しく対立するようになったのであります。

本書は『仏教入門』（一九九二年刊）を改題したものである。

（著者略歴）
平川　彰（ひらかわ・あきら）
1915年、愛知県に生まれる。1941年、東京大学文学部印度哲学梵文学科卒。文学博士。東京大学名誉教授。2002年逝去。
著書に『平川彰著作集』（全17巻）『インド仏教史』上・下など多数。

スタディーズ 仏教
二〇一八年四月二〇日　初版第一刷発行
著　者　平川　彰
発行者　澤畑吉和
発行所　株式会社春秋社
東京都千代田区外神田二―一八―六（〒一〇一―〇〇二一）
電話　〇三―三二五五―九六一一
振替　〇〇一八〇―六―二四八六一
http://www.shunjusha.co.jp/
装　幀　美柑和俊
印刷所　萩原印刷株式会社
定価はカバー等に表示してあります
2018© ISBN 978-4-393-13431-3

平川　彰
スタディーズ　仏教
仏教的なものの見方「般若の智慧」をキーワードに、基本となる無常・空・無我・縁起の思想と、仏教を構成する仏法僧の三宝について詳述する入門書。

２０００円

梶山雄一
スタディーズ　空
大乗仏教を代表する空の思想を、開祖のブッダから部派仏教、大成者の龍樹へという流れに沿いながら、縁起・輪廻との関係から、その関係性の論理を明らかにする。

２０００円

高崎直道
スタディーズ　唯識
われわれの知っている世界はすべて情報にすぎない。仏教の教えの中で認識を徹底的に追究した唯識思想を、『中辺分別論』をテキストにして根底から説き明かす。

２０００円

玉城康四郎
スタディーズ　華厳
『六十華厳』の中から、幾編かを精選し、広大無辺な仏の悟りの世界、そこへ至る菩薩の修行の道、華厳思想の特色、中国・日本における華厳宗の展開までをやさしく語る。

２０００円

勝又俊教
スタディーズ　密教
インドに起こり、日本で発展した密教とはどのようなものか。密教のあらましを歴史・経典・真言等あらゆる方面から論じ、密教思想と空海の全面的把握を目指した書。

２０００円

▼価格は税別